함안총쇄록 답사기

조선시대 원님은
어떻게 다스렸을까

초판 1쇄 발행 2020년 5월 25일

저자   김원주·조현열
삽화   서동진
펴낸이   구주모

편집책임   김주완
편집   송은정
마케팅   정원한

펴낸곳   도서출판 피플파워
주소   (우)630-811 경상남도 창원시 마산회원구 삼호로38(양덕동)
전화   (055)250-0190
홈페이지   www.idomin.com
블로그   peoplesbooks.tistory.com
페이스북   www.facebook.com/pepobooks

ISBN   979-11-86351-28-4(03900)

이 도서의 국립중앙도서관 출판예정도서목록(CIP)은 서지정보유통지원시스템 홈페이지(http://seoji.nl.go.kr)와
국가자료공동목록시스템(http://www.nl.go.kr/kolisnet)에서 이용하실 수 있습니다. (CIP제어번호 : CIP2020019873)

함안총쇄록 답사기

조선시대 원님은
어떻게 다스렸을까

김훤주 조현열 지음

차례

천총의 몰골은 염라대왕도 웃을 정도
원님 덕에 나팔 불고
민폐가 염려되어 중지했던 대군물
우스우면서도 눈물겨운 장면들
함안대군물의 출현을 기다리며

진흙에 스며든 부정을 뿌리 뽑고
개별 구휼은 장터가 안성맞춤
활쏘기 시합장도 나누는 자리로
능멸하고 깔보는 데는 단호하게
원님 코앞에서 벌어진 노름

기록 풍부한 벽사단(와룡정)
험하고 높은 여항산

네 가지 서양 채소도 기르고

24. 머물러 달라는 만인산 보내는 아쉬움 선정비

1만 명 이름을 수놓은 만인산
만인산 선물에 담긴 뜻은
선정비는 헤어지는 아쉬움을
오횡묵이 찾은 마지막 함안 명승
떠나는 원님인데도 군악 의장을

1.
들어가면서

기록유산이 넘쳐나는 함안

함안은 아라가야 말이산고분군만으로도 이미 유명하지만 기록유
산도 더없이 풍성한 고장이다.

첫머리에는 〈함주지咸州誌〉와 〈함안총쇄록咸安叢鎖錄〉이 꼽힌다. 〈함주
지〉는 1587년 당시 군수 한강寒岡 정구鄭逑가 주동하여 136쪽 분량으로 펴
냈다. 가장 오래된 현전 읍지邑誌로 지역지 편찬의 모범이 되었었다.

〈함안총쇄록〉은 채원茝園 오횡묵吳宖默이 1889~93년 함안군수로 있으
면서 적은 일기다. 형식에 매이지 않고 객관 정황에다 본인의 느낌까
지 섞어가면서 수령의 하루하루를 기록하였다.

간송당 조임도澗松堂 趙任道가 1639년 펴낸 〈금라전신록金羅傳信錄〉도 있
다. 금라는 함안의 옛 이름이다. 함안 출신 인물들의 행적과 시문을
모은 지역 문학·인물사전이다.

이런 정도 기록물을 하나라도 갖춘 시·군이 드문 현실이다. 함안은

셋이나 갖춘데다 〈용화산하동범록龍華山下同泛錄〉 같은 독특한 기록물도 있으니 축복받은 기록유산의 고장이라 해도 전혀 어색하지 않다.

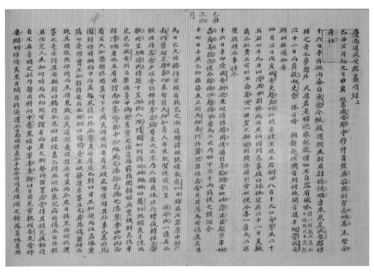

채원 오횡묵이 쓴 〈함안총쇄록〉 첫 장. ⓒ한국학중앙연구원.

제작에서 활용까지 기록의 달인 오횡묵

오횡묵은 1886년 기근과 돌림병으로 난리를 겪던 영남에 별향사別餉使, 별향:난리에 대비하여 따로 마련한 곡식로 파견된 뒤로는 줄곧 수령을 맡았다. 정선1887~88 자인1888~89 함안1889~93 고성1893~94 지도1896~97 여수1897~99 진보1899~1900 익산1900~02 평택1902~06이 근무지였다.

오횡묵은 가는 곳마다 〈총쇄록〉을 남겼다. '총叢'은 '끌어모은다', '쇄瑣'는 '자질구레하다'는 뜻이다. 굵직굵직한 것은 물론이고 자잘한 것까지 끌어모은 기록이 총쇄록이다.

〈영남구휼일록嶺南救恤日錄〉〈정선군일록旌善郡〉〈자인현일록〉〈함안총쇄록〉〈고성총쇄록〉〈지도총쇄록〉〈여수총쇄록〉은 전해지지만 익산·진보·평택에서 작성한 총쇄록은 발견되지 않고 있다.

근대적 지리지〈여재촬요輿載撮要〉도 지었다. 유럽·아프리카 등 세계를 6대주로 구분하여 50개 나라를 지도와 함께 소개했다. 조선에 대해서는 당시 읍지들을 끌어모아 필요한 부분을 골라 실었다. 원래 10권짜리를 나중에 학부學部=교육부에서 1권으로 요약해 교과서로 활용했다. 방대한 지리지를 국가가 아닌 개인이 저술·출판했다는 점에서 높은 평가를 받고 있다.

오횡묵은 기록이라 하면 모든 방면에서 달인의 면모를 갖추었다. 1891년 3월 29일 아전들에게〈총쇄록〉을 나누어주고 4월 21일 책실에서 베끼기를 마쳤다. 총쇄록을 개인의 사적 기록으로 여겼다면 하지 않았을 일이다.

〈총쇄록〉이 어떻게 쓰였는지 알려주는 대목도 있다. 1889년 4월 29일 살인 현장 마을로 떠나는 장교에게〈정선군일록〉을 꺼내 금광에서 일어난 옥사獄事 부분을 보여주면서 민폐를 절대 끼치지 말라고 명령한다.

자기가 갖고 싶거나 관아에 갖추어야 할 서적도 챙겼다. 가보로 삼고 싶은〈동국여지승람〉1892. 윤6. 13과 갖고 싶었던〈산림경제〉1892. 11. 19와 형방청에 장만해둘〈흠흠신서〉1892. 11. 17를 아전들에게 베껴 쓰게 했다.

조세를 걷는 데도 기록을 활용했다. 다만 자기 기록이 아니라 관아 기록이었다. 1889년 4월 25일부터 거짓 재해·조세 포탈 규모에 대한 실태 조사를 벌이며 5월 10일 장부 10년치를 모아 오게 하였다. 종류만 해도 호포마련등축戶布磨鍊謄軸 등 19가지에 이른다. 당시도 지금도 10년씩 소급 조사하는 경우는 드물 것이다.

〈함안총쇄록〉1권표지. ⓒ한국학중앙연구원.

거짓 재해 실태 조사는 비교적 일찍 마무리되었다. 6월 15일 끝났으니 50일 만이었다. 얼마나 조세를 떼어먹었는지 조사하는 데는 훨씬 더 많은 시간이 필요했다. 이듬해 1월 20일까지 끌었으니 9개월이 넘게 걸렸다.

각본 없이 반전이 거듭되는 <함안총쇄록>

아메리카 인디언만 끈질기게 비가 내릴 때까지 기우제를 지내는 줄 알았는데 130년 전에는 우리도 그랬다. 오횡묵은 가뭄으로 논밭이 타들어 가자 하루걸러 한 번씩 한 달 동안 15차례 하늘에 빌었다.

군수도 파업하고 관노도 파업을 했다. 군수는 양반과 아전이 말을 듣지 않고 묵은 조세를 제대로 내지 않자 문을 닫아걸었다. 관노는 조세를 규정대로 줄이자 자기네 콩고물이 없어진다며 일손을 놓았다. 군수는 양반과 아전들이 제발 나오시라 빌었지만 관노들은 그 대가로 단단히 혼이 났다.

당시에 이미 함안에 들어와 광산을 하는 일본사람이 있었다. 수직굴을 뚫고 전기로 기계를 돌려 안으로 신선한 공기를 집어넣었다. 군수는 일본사람에게 환대를 받았지만 광산은 패가망신의 지름길이라는 인식은 바뀌지 않았다.

누정이나 명승을 찾아 시를 짓고 노닐었지만 단순한 놀이는 아니었다. 군수의 권위를 높이고 지역사회에 질서를 세우면서 학문도 권장하는 행정 행위였다. 그렇지만 무진정이 양반 전용 놀이터는 아니었다. 봇짐장수褓商들이 1000명 넘게 모여 대회를 연 적도 있다.

세 번이나 불렀는데도 통인들이 대령하지 않는다고 아닌 밤중에 집합 나팔을 불어 허둥지둥 뛰어다니도록 했다. 옛날엔 일과 뒤에도 아전은 수령을 위한 5분대기조였는지 한밤중에 마음 놓고 술을 마신다고 혼을 내기도 했다.

선물 받은 벌꿀과 딸기를 동헌에 있던 모든 아전·사령·손님은 물론 일반 백성과 죄인까지 고루 나누었다. 형틀에서 볼기짝이 드러난 상태에서도 기쁜 기색으로 이를 우물우물 삼키는 모습에 군수는 허리가 끊어지도록 웃었다.

옛날은 살인이 나면 이웃 고을 수령까지 고달팠다. 초벌 검증은 해당 고을 수령이 하지만 그에 대한 복검覆檢: 두 번째 검증은 이웃 수령의 몫이었다. 이런 고역을 피하려고 의령에서 옥사가 일어나자 입곡 깊은 골짜기로 들어가 숨었다.

농사가 잘되면 기뻐하고 실농할 것 같으면 걱정이 된다. 농부가 게으름을 피우면 나무라고 열심히 일하면 격려한다. 조세와 풍흉이 직결되기 때문이다. 들판에 나갈 때는 엽전이나 담배·바늘을 넉넉하게 챙겼다. 말로만 하기보다 요긴한 물건을 같이 주면 인심을 손쉽게 얻을 수 있다.

섣달그믐날 밤에 아이와 어른이 함께 귀신 묻는 놀이를 하고 정월 대보름에는 다리밟기·줄다리기·달맞이가 나온다. 대군물大軍物 군사 퍼레이드에서는 대장이 일흔을 넘었는데 자기 무기에 눌려 말에서 떨어질락 말락 한다. 군복은 이웃에서 빌리거나 아내 치마로 만들어 각양각색 볼수록 우스꽝스럽다.

군수 업무는 대부분 조세와 관련돼 있었다. 조세를 배당하고 닦달했는데 제대로 못 내면 곤장을 치고 감옥에 가둔다. 하지만 상부를 향해서는 백성 편에 서서 감해달라고 사정하는 공문도 닦아 올린다.

살아 움직이는 기록을 위하여

2003년 〈함안총쇄록〉 국역판을 펴낼 때 함안문화원 향토문화연구소 이규석 소장은 "〈함안총쇄록〉은 역동적인 활동사진"이라 했다. 한 번 읽어보면 정말 맞는 말씀임을 실감할 수 있다. 또 방대한 내용을 촘촘하지만 자유로운 필치로 거의 날마다 써내려간 기록정신은 지금 봐도 놀랍다.

하지만 한글로 옮겨졌어도 친숙하고 다양하게 활용되고 있지는 않았다. 좀더 널리 알리고 좀더 활용되도록 하는 디딤돌이 있으면 좋겠다는 생각이 들었다. 먼저 공간을 함안에 초점을 맞추어 함안의 관아 건물과 공간을 재현해 보았다. 함안읍성도 당시 모습을 재구성하는 동시에 현재 상태도 확인하여 서로 비교해 볼 수 있도록 만들었다.

둘째 당시 사건·사고와 얘기들을 발굴하여 장소별로 시간대별로 일목요연하게 배열하고 누구나 알아볼 수 있도록 비교·대조도 나름 적절하게 곁들여 보았다.

셋째 당시 활동이 있었던 장소를 찾아내어 옛날 자취가 남아 있는지 확인하고 함안의 지역 색채가 뚜렷한 공간은 좀 더 꼼꼼하게 챙기고 기록하려고 했다.

넷째 민속놀이와 세시풍속은 대체로 빠짐없이 다루었다. 나중에 훌륭한 문화자원이 될 수도 있을 것이다. 몰라서 놓친 경우는 있겠지만 알면서 빠뜨리지는 않았다.

다섯째 객관 사실에 대한 확인에 더하여 사실과 사실 사이 관계 파악을 앞세우고 스토리텔링 욕심은 부리지 않았다. 뜻있는 독자 여러분의 상상력과 감수성이 방해 없이 자유롭게 작동되도록 거들겠다는 취지다.

※ 오횡묵은 부임 이튿날 〈군지郡誌〉를 가져다 읽는다. 거기에 청범루淸範樓라는 것이 "객사 동쪽에 있다"고 나오지만 다른 기록에서는 보이지 않아 당시 이미 없어진 상태라고 간주하였다.

※ 남덕정藍德亭은 기록에 여러 차례 나오기는 하지만 〈군지〉에 "지금은 없다"고 적혀 있고 또 "동헌에 그 현판이 걸려 있다"고 되어 있어 동헌과 같은 건물로 보았다.

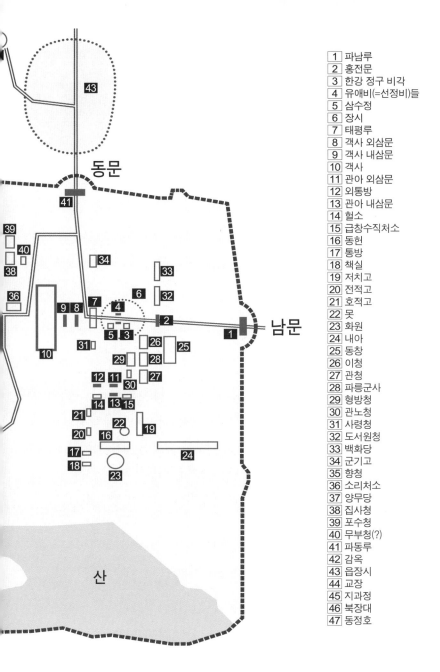

1	파남루
2	홍전문
3	한강 정구 비각
4	유애비(=선정비)들
5	삼수정
6	장시
7	태평루
8	객사 외삼문
9	객사 내삼문
10	객사
11	관아 외삼문
12	외통방
13	관아 내삼문
14	헐소
15	급창수직처소
16	동헌
17	통방
18	책실
19	저치고
20	전적고
21	호적고
22	못
23	화원
24	내아
25	동창
26	이청
27	관청
28	파릉군사
29	형방청
30	관노청
31	사령청
32	도서원청
33	백화당
34	군기고
35	향청
36	소리처소
37	양무당
38	집사청
39	포수청
40	무부청(?)
41	파동루
42	감옥
43	읍장시
44	교장
45	지과정
46	북장대
47	동정호

※ 함안읍성의 전체 윤곽과 수로·도로는 우리문화재연구원 권순강 조사연구부장의 2018년
부산대학교 대학원 건축학과 박사 학위 논문 '경상도 남부 지역 읍성의 축조 양상과 공간구조
에 관한 연구'를 따랐다.

2.
관아 건물과
공간의 재구성

함안읍성 안팎의 조선시대 관아 건물은 6.25전쟁 때 모두 불탔다. 담장·주추·비석 등 돌이나 흙으로 된 것은 타지 않았지만 세월이 흐르면서 없어졌다. 지금은 객사·동헌을 비롯한 몇몇 누대가 이름 정도만 이런저런 그림과 글로 흩어져 있을 뿐이고 사람들 기억에서는 거의 사라졌다. 그런데 〈함안총쇄록〉을 살펴보니 130년 전 모습을 상당 부분 재현할 수 있었다.

군수 부임 행차

오횡묵은 1889년 4월 21일 함안읍성 동문 밖에 이르러 지과정에 올라 잠시 쉬었다 남문을 거쳐 성안으로 들어간다. 다시 태평루를 지나 객사에 먼저 들렀다가 동헌 정청正廳에 자리 잡고 부임 행사=좌기 취좌起吹를 치른 뒤 안팎을 둘러본다.

이 과정에 관아 건물과 공간이 여럿 등장한다. 건물이 많은데다 같은 건물도 동선이 움직임에 따라 묘사나 표현이 흩어져 있기에 정확한 파악이 어려웠다. 해당 기록을 다 모아 건물·공간별로 '헤쳐모여' 했더니 좀 가지런해졌다.

▲지과정止戈亭: 동문 밖에 있다. 6칸으로 현판이 지과헌止戈軒이다.

▲감옥영어圇圄: 군옥郡獄. 동문 동쪽에 있다.

▲읍장시場市: 동문 앞에 수십 호 인가가 있는 자리다. 〈군지郡誌〉에 방목시放牧市로 나온다.

▲교장教場: 동문 밖으로 광활廣闊하다. 무예기술武技을 연습한다.

▲홍전문紅箭門: 남문에서 북쪽으로 활 한 바탕 거리一武地≒100미터에 있다.

▲삼수정三藪亭: 홍전문에서 북쪽으로 40여 걸음≒40여 미터에 있다. 장시인데 관문官門=관아 외삼문 밖이다.

▲태평루太平樓: 객사 문루로 삼수정 북쪽이다.

▲파산관巴山館: 객사客舍. 태평루 북쪽이다. 외삼문·내삼문 모두 일주문을 갖추었다. 대청大廳이 셋인데 가운데가 전패殿牌를 봉안하는 장소다.

▲관아 외삼문: 태평루 서쪽에 있다. 읍성 문을 여닫는 의식을 치르는 폐문루閉門樓다. 파릉아문巴陵衙門 편액이 있다.

▲외통방外通房: 파릉아문巴陵衙門 북쪽의 작은 방이다.

▲관아 내삼문: 현판이 파릉청사아문巴陵廳事衙門이라 되어 있다.

▲헐소歇所: 관아 내삼문 북쪽에 있고 찾아온 손님이 잠깐 쉬는 방이다. 마루와 방이 1칸씩이다.

▲사령수직처소使令守直處所: 관아 내삼문 남쪽에 있고 2칸이다.

▲금학헌琴鶴軒: 군수가 업무를 보는 동헌東軒이다. 축대 위에 있고 동향東向이다. 10칸인데 큰방이 3칸이고 대청이 6칸이다. 방문 위 들보門楣

에 남덕정^{覽德亭}, 뒤쪽 처마^{堂之後軒}에 은선대^{隱仙臺} 현판이 있다.

▲통방^{通房}: 통인들이 있는 방이다. 동헌 대청 서북쪽 모퉁이^隅에 있다. 통인은 군수 수행 비서로 보면 된다.

▲금천재^{琴川齋}: 4칸으로 통방 서쪽 뒤에 처마가 잇달아 있다. 공문 등을 모아놓는 책실^{冊室}이다.

▲급창직소^{吸唱直所}: 동헌 남쪽에 있다. 급창은 군수의 명령을 큰 소리로 되풀이해서 알리는 확성기 구실을 한다. 직소는 근무처를 뜻한다.

▲저치고^{儲置庫}: 쌀 창고로 동헌 마당 남쪽에 있다.

▲호적고^{戶籍庫}: 동헌 북쪽에 있다.

▲전적고^{田籍庫}: 동헌 북쪽에 있다.

▲내아^{內衙}: 동헌 남쪽에 있고 동향^{東向}이다. 18칸으로 장려^{壯麗}하다. 닫아두고 살지 않아 거미줄과 이끼가 끼어 있다.

'함안공립보통학교 9년 3월 졸업생'이라 적혀 있다. 9년은 일본 연호 다이쇼(大王) 9년 인데 1920년이다. 학교로서는 8회 졸업식 사진이다. 뒤에 보이는 건물이 객사 파산관으로 짐작된다. 객사만이 저처럼 우람한 둥근 기둥을 쓸 수 있었기 때문이다. ⓒ함안초등학교.

수령의 읍터 몸소 살펴보기

오횡묵은 부임 엿새 뒤인 27일 통인과 관노를 1명씩만 데리고 읍터 전반을 살펴보았다. 부임 이튿날 묘사되지 않았던 건물과 장소들이 많이 나온다. 둘을 합했더니 읍성 안팎의 건물·공간이 대부분 재구성되었다.

▲향사당鄕射堂: 양반들이 고을 업무를 집행하는 향청鄕廳이다. 객사 뒤에 있는데 크고 아름답다. 가운데에 청이, 좌우에 방이 있다. 동방은 좌수가, 서방은 별감들이 쓴다. 청 북쪽 벽 닫집龕龕에 향안鄕案=양반 명단이 들어 있다고 한다. 좌수는 향청의 우두머리, 별감들은 2인자다. 서문로를 따라 객사 뒤를 거쳐 향사당으로 들어갈 수 있다.

▲소리처소所吏處所: 향사당 마당 서쪽에 있다. 소리는 향청의 3인자로 보면 된다.

▲양무당養武堂: 향사당 동쪽 담장 밖에 있다. 좌·우천총左右千摠이 근무한다. 천총은 퇴직 아전에게 주어지는 명예직 무관이다.

▲포수청砲手廳: 양무당 앞에 있다. 앞길이 동문으로 이어진다. 포수는 총잡이이다.

▲집사청執事廳: 양무당 앞에 있다. 앞길이 동문으로 이어진다. 집사는 행사에서 의식을 집행하는 사람이다.

▲지과정: 동문에서 보면 북쪽에 있다.

▲감옥: 동문에서 보면 지과정 남쪽에 있다.

▲동창東倉: 남문에서 북향하여 활 한 바탕 거리로 길 왼편에 있다. 통제영에 바치는 곡식을 되질하는 자리통곡소봉統穀所捧다.

▲이청吏廳: 동창 위 북쪽에 있다. 아전들이 근무하는 장소다. 현판은

파릉연방巴陵椽房이다.

▲파릉군사巴陵郡司: 동창 위 북쪽에 있다. 호장의 근무처다.

▲관청官廳: 파릉군사와 이청 사이에 있다. 먹을거리를 공급한다.

▲형방청刑房廳: 관청 북쪽에 있다. 추소秋所라는 현판이 있다.

▲관노청官奴廳: 형방청 서쪽에 있다. 폐문루閉門樓=관아 외삼문의 오른쪽
이다. 관노는 군수를 위한 잡일 심부름꾼이다.

▲도서원청都書員廳: 현판이 전제소田制所다. 길 오른편 동창 맞은편에
있다. 서원은 마을별 고을 업무 집행 책임자다.

▲백화당百貨堂: 장교가 근무하는 장청將廳이다. 전제소 동쪽에 있다.

▲한강 정구 비각: 삼수정 남쪽에 있다.

▲유애비遺愛碑들: (한강 정구 비각에서 볼 때) 길 북쪽에 있다. 선정
비들이다.

▲군기고軍器庫: 태평루 동쪽 50걸음≒50미터쯤에 있다.

▲사령청使令廳: 태평루 서쪽에 있고 장방杖房이라 한다. 명령을 전달
하는 심부름꾼이 사령이다.

새 군수의 조영

오횡묵은 1890년 가을과 겨울에 크게 공력을 들여 태평루를 새로 짓다시피 중수했다. 남문루·동창·관청·장청·감옥 등도 고쳐 지었다. 반면 새 건물은 짓지 않았다. 책실 이름을 금천재에서 중향관衆香館으로 바꾸거나 마당에 못을 파고 정원을 조성하는 데 그쳤다.

"계단 아래에 작은 못을 파고 어린 벼 묘를 가득 심었다."1889. 5. 16

계단은 축대에 딸려 있는 것이다. 〈함안총쇄록〉에서 축대 위에 지은 건물은 동헌뿐이다. 동헌 앞에 작은 못을 하나 만든 것이다.

"사계화…를 관원官園에 심었다."1890. 5. 16 "서원西園에 사계화 한 그루만 꽃을 피웠다."1890. 10. 20 "중원中園에 꽃이 피었다."1892. 3. 18 "화원花園에서 산보를 했다."1892. 3. 19

관원·서원·중원·화원이 제각각 다른 것 같지만 맥락을 보면 동일하다. ▲동헌의 서西쪽이면서 중향관과 동헌 가운데中 있는, 꽃花 피는 관아 정원園인 것이다.

위치가 특정되지 않은 건물·공간도 나온다. 무부청巫夫廳·망향대望鄕臺·북장대北將臺·동정호洞庭湖 넷이다. ▲무부청은 "객사에서 조곡례朝哭禮를 하고 무부청에 가서 상복을 갖추어 입었다"1890. 5. 5는 데서 객사 근처로 짐작된다. ▲북장대는 "대가 높아 사방을 바라보니 다시 감흥이 일어 시를 지었다"1890. 7. 19고 한 데 비추어 북쪽 성곽과 서쪽 성곽이 마주치는 가장 높은 자리로 짐작된다. ▲동정호는 "북장대에 올라 동정호를 바라보았다"1890. 12. 1고 했으니 북문 가까이 있는 연못이다. ▲망향대는 오후 5시 넘어 올랐다가 저물어서 돌아온1890. 8. 28장소인데 다른 단서가 없어 짐작하기 어려웠다.

이렇게 하여 130년 전 함안읍성 안팎에 있던 관아 건물들과 공간을 종이 위에서나마 복원하게 되었다. 그러나 크기와 형태는 〈함안총쇄록)에 적혀 있지 않은 경우가 대부분이어서 적지 않게 허술하다.

그렇다고 보람이 없다고 할 수는 없다. 먼저 여태껏 한 번도 없었던 '최초'라는 의미가 하나 있다. 둘째는 나중에 일대를 발굴하여 옛 모습을 되살리려 할 때 다시 자료를 되풀이 뒤적이며 살피는 수고를 덜게 되었다.

또 관아 건물과 공간에 대한 옛날 기록이 이처럼 상세한 경우가 드문 만큼 적당한 장소를 골라 모형을 갖추어 놓으면 좋겠다. 이렇게 하고 적절한 해설을 곁들이면 지역 역사에 대한 이해도 돕고 작으나마 관광 자원으로 삼을 수도 있지 않을까 싶다.

3.
함안 읍성의
130년 전 모습

무너지지 않은 지과정 남쪽 성벽

함안읍성은 1510년 경상도에서 삼포왜란이 터졌을 때 처음 쌓았고 1555년 전라도에서 을묘왜변이 일어나자 고쳐 쌓았다. 오횡묵이 함안군수를 지낸 때는 이로부터 330년가량 지난 시점이었다. 당시 읍성은 어떤 모습이었을까?

1889년 4월 21일 부임 행로에 읍성이 나온다.

"(무진정 방향에서 오면) 지과정 오른편^{서쪽}이 읍성이다. 북문은 오래 전에 무너졌고 지과정 남쪽은 아직 무너지지 않았다. 동문은 절반쯤 가운데 우뚝 섰는데 파동루^{巴東樓}라는 현판이 달렸다. 성 위에 남녀가 빽빽하게 서서 구경하는데 사람성^{人城}이라 할 만하였다. 남문 밖에서 작은 다리를 건너 곡성^{曲城}으로 들어가니 파남루^{巴南樓}현판이 걸렸다."

곡성은 성문을 가리려고 반달꼴로 덧쌓은 옹성^{甕城}이다.

사라진 현교와 새로 생긴 서문

이튿날 아침부터 〈군지郡誌〉를 가져다 '여러 볼 만한 것들'을 살폈다. 전체 현황을 대략 파악하기 위해서였겠지.

"읍성은 돌로 쌓았는데 둘레 7003척, 높이 13척이다. 여첩女堞(몸을 숨길 수 있도록 낮게 덧쌓은 담)이 504개다. 보지堡池=해자(침입을 막으려고 성 둘레를 파서 만든 못)는 깊이 6척, 너비 12척이다. 동남서북 4문이 있다."

1587년 나온 〈함주지咸州誌〉에도 읍성이 나온다. 〈군지〉와 크게 다르지 않다. 성곽의 둘레를 세 구간으로 나누어 좀 더 자세히 적은 정도가 차이가 난다.

"둘레가 7003척인데 남문~북문 4263척, 북문~동문 1740척, 동문~남문 1000척이다. 높이는 13척, 치성(여첩의 잘못)은 504개다. 해자는 깊이 6척, 너비 12척이다. 남동북 3문이 있고 들어올리는 현교懸橋를 두었다."

오횡묵은 함안읍성 동쪽·남쪽이 성곽 치성들이 허물어져 있다고 기록했다. 그는 군수 재직 중 남문루 등 성곽을 수리했다. ⓒ서동진

〈함주지〉 기록과 달라진 대목도 있다. 첫째, 성문 앞에 있던 들어 올리는 현교가 보통 다리로 바뀌었다. 남문 앞에 작은 다리가 있다고 부임길에 나오지만 들어올렸다는 기록은 없다. 어떤 형태를 하고 있었을까? 1890년 1월 15일 정월대보름에 읊은 시가 단서다. "남문 밖에 나가니 무지개다리가 드리워 있네去南門外垂虹濩"라 하였으니 아래와 위가 모두 동근 모양이었겠다. 이밖에 동문·북문 현교도 따로 언급이 없는 것으로 보아 이 또한 보통 다리로 바뀌었거나 없어졌을 것으로 짐작된다.

둘째, 서문이 새로 생겨 성문이 3개에서 4개로 늘었다. 서문은 4월 27일 비봉산飛鳳山에 올라 읍터를 살필 때 나온다. 비봉산은 동헌에서 서쪽으로 100미터가량 떨어진 야트막한 뒷산이다.

"둘레가 5리쯤으로 간간이 무너져 근근이 형태만 갖추었다. 동문과 남문은 우뚝하게 있고 서문과 북문은 허물어졌다."

서문은 지금 '성고개'라 하는 데 있었다. 권순강 우리문화재연구원 조사연구부장이 논문 '경상도 남부 지역 읍성의 축조 양상과 공간 구조에 관한 연구'에서 암문暗門으로 표시한 부분이다. 암문은 몰래 드나드는 문으로 표시가 나지 않도록 문루를 세우지 않는데 시나브로 허물어진 모양이다.

새뜻한 동문루, 남루한 남문루

이날 읊은 시에도 등장한다.

"네 개 성문은 무너졌거나 남았거나 한데/ 떨어진 꿩이 동남
쪽에서 공작과 더불어 어슬렁대네일성사문혹허혹존혜/패치여동남공작공배회─城
四門或墟或存兮/敗雉與東南孔雀共徘徊"

'떨어진敗 꿩雉'이라는 표현에서 '꿩'은 실제 꿩이 아니라 치성雉城을 뜻
한다. 치성은 성 위에서 공격·방어를 손쉽게 하려고 꿩 꼬리처럼 삐
져나오도록 쌓은 부분이다. 동쪽·남쪽 성곽의 치성들이 허물어져
있다는 얘기다. 하지만 모두 허물어지지는 않았다. 산내면山內面과 상
리면上里面 주민들의 줄다리기를 "지과정 서쪽 곡성=동쪽 성곽의 치성 위에
서 구경했다"는 데에서 알 수 있다.1890. 2. 1
  동문루=파동루에 올라서는 한 해 전1888년 봄에 전임 군수 권동진
이 작성한 '중수기重修記'를 읽었다. "세월이 오래되어 많이 무너지
고 망가졌다. … 옛 것이 쓸 만하면 그대로 쓰고 새로 만들어야
하는 것은 새로 만들었다. 공사가 끝나 완성이 되니 훤하게 새로워
졌다."
  동문루는 멀쩡했지만 남문루는 아니었다. "기울어지고 쓰러지고
벗겨지고 떨어져서경측박락傾側剝落 지탱하기 어려울 지경이다. 수리를
해야 하지만 재물이 축나고 없어 탄식만 늘어날 뿐이다." 오횡묵은
이듬해 태평루를 먼저 고친 다음 11월 14일부터 12월 초순까지 관
청·동창과 남문루를 중수했다.

오횡묵은 함안읍성 남문을 남녀노소의 구분은 물론 관과 민의 차별도 없이 즐겨 노는 장소라 기록했다.

올라가 즐겨 놀았던 남쪽 성곽

쓰임새는 무엇이었을까? 지어진 목적은 분명 외적 방비지만 군사용으로 쓴 기록은 〈함안총쇄록〉에 보이지 않는다. 사격 훈련이나 군사 행진이 가끔 있었지만 장소는 성곽이 아닌 교장敎場=연병장이었다. 성 위에서 병사들이 경비를 서거나 순찰을 했다는 기록도 보이지 않는다.

대신 즐겨 노는 장소로 등장한다. 주로 남문이다. 남녀노소의 구분은 물론 관과 민의 차별도 없었다. 4월초파일 등불 낙화落花를 구경하는 장면이 대표적이다.

©서동진

"밤중에 읍성 서남쪽 모퉁이에서 남루南樓에 오르려고 살펴보니 성중에 노는 무리들이 올라가 차지하고 있었다. 어지럽히고 싶지 않아 가만히 성의 구석 자리성벽처城僻廳에 갔다."1890. 4. 8

　군수 위세를 내세워 내쫓지 않고 백성들이 좋은 자리에서 보도록 배려한 셈이다.

"달밤에 시원한 바람을 쐬러 남쪽 성곽南城으로 걸어갔다. 성 아래 민가에서 시를 읊는데 제법 흥이 도도했다. 시를 지어 보냈더니 박용하·박영수·조성호가 서둘러 왔다. 남루가 달구경에 참 좋다고 하여 함께 올라가 술을 마시면서 시를 읊었다."1890. 6. 14

　관과 민이 시를 주거니 받거니 하며 두루 어울리는 모습이라 할 만하다.

봄을 즐길 때도 봄을 보낼 때도 남성에 올랐다. 1891년의 경우 먼저 봄이 한창인 3월 14일에 "(친구) 석성石醒과 함께 남성으로 걸어 나가 시를 읊었다." 또 여름을 앞둔 3월 29일에는 "조회를 하고 나서 석성과 함께 남쪽 성곽에 올라 봄을 보냈다전춘餞春. … 고을의 부로父老 대여섯 분이 와서 동참하였다." 전춘은 4월 여름이 본격 시작되기 전인 3월 마지막 날에 봄날을 그냥 보내기 아쉬워 여러 가지로 즐기는 세시풍속이다.

공식·비공식 나들이에 나오는 성문도 남문이 가장 많다. 진주 병영과 통영 통제영으로 새해 인사를 갈 때1890. 1. 10는 물론이고 다리밟기를 하러 지과정에 가면서는 동문이 가까운데도 굳이 남문을 지났다.1890. 1. 15 권농勸農을 위해 신교동 들판에 나갈 때1889. 6. 11와 의령 사는 선비 문수찬을 찾아갈 때1889. 11. 12, 원효암에 치성 드리러 갈 때1890. 1. 22 나선 문도 남문이었다.

실무적으로 쓰인 동문

동문에서는 놀지 않았던 모양인지 기록이 보이지 않는다. 대신 "파동문에 들어가니 집집마다 등불을 늘어놓아 밤인데도 낮처럼 밝았다"1890. 3. 15거나 "파동루에 올라 잠깐 쉬는데 수문장 이유관이 와서 보았다"1891. 12. 30고 했다. 이처럼 동문은 놀이와 무관하게 실무에 주로 쓰인 것 같은데 그나마 남문과 견주면 뜸하게 등장한다.

방문榜文은 남문이나 동문이나 똑같이 내걸었다. 세곡을 함부로 쓰거나 빼돌리지 말라는 내용으로 소출을 조사해 조세를 매긴 다음1889. 11. 15이다. "법을 어기거나 조세로 사채私債·술값주채酒債을 갚거나 노름잡기雜技을 하거나 조세를 떼어먹는 폐단은 아전이든 백성이든 엄중히 국문하고 감영에 보고하여 유배형에 처하겠다"는 내용이었다. 사람들이 많이 들락날락하는 장소였으니 군수로서는 당연히 방문을 붙였을 것이다.

높다란 데 자리한 북장대

반면 북쪽과 서쪽 성곽은 거의 나오지 않는다. 친구 석성이 돌아오기를 기다리며 북문 밖으로 나간 적이 한 번 있다.[1890. 7. 3] 실제로도 자주 드나들지 않은 것으로 여겨진다. 나지막하기는 해도 산지山地에 걸쳐 쌓은 성곽이라 거동하기 불편해서 그랬을 것 같다.

다만 북장대北將臺는 몇 차례 올랐는데 거기가 높직하기 때문이지 싶다. 더울 때 시원한 바람과 풍경을 즐기거나 기강이 흐트러진 아전 등을 골탕 먹일 때 활용한 장소다. 장대는 장수가 군사를 지휘하기 위하여 성곽 높은 자리에 만든 대를 뜻한다.

"더위가 극성인 때에 북장대에 오르니 추운 데에 날아오른 듯하고 맑은 바람에 씻은 듯 시원했다. 또 대가 높아 사방을 바라보니 다시 흥취가 일어 시를 지었다. '성 위에 높은 대臺가 반공에 솟았네/ 불어오는 서풍에 기대어 나는 신선을 만났네/ 늦더위 지상에 다 자란 새가 있어/ 신선은 되지 않더라도 바다배를 찾아가네.'"[1890. 7. 19]

"(밤중에) 지과정에서 (나팔수가) 나팔을 부니 관속들이 놀라고 당황하여 물결치듯 바삐 다투어 달렸으나 비어서 아무도 없었다. 이어 북

장대에서 나팔을 크게 부니 옮겨갔지만 아무도 없었고, 다시 장터에서
갑자기 나팔소리가 나서 서둘러 돌아왔는데 텅 비어 있었다."[1890. 4. 9]

낙지산樂只山=비봉산 북쪽의 야트막한 야산에서 내려다보던 군수는 웃다가 쓰러
질 지경이 되었다.

이처럼 1890년대의 함안읍성은 고쳐쌓고 나서 340년이 다 되어서
그런지 성문과 성벽이 많이 허물어져 있다. 또 읍성의 서쪽과 북쪽
은 잘 나오지 않는 반면 동쪽과 남쪽에 대해서는 자주 언급되고 있
다. 서성은 대부분이 산지이고 북성은 외따로 떨어져 있지만 동성·
남성은 평지이고 민가·관아와 가깝기 때문이다.

그런데 오횡묵이 동문보다 남문을 더 많이 드나든 까닭은 무엇일
까? 옛날 관아에서 중심 건물은 군수가 업무를 보는 동헌이 아닌
임금을 모시는 객사였다. 이런 객사는 측면이 아닌 정면으로 마주
해야 한다. 그렇게 하기 위하여 동문이 아닌 남문으로 해서 들어갔
던 것이다.

4.
함안 읍성의
지금 모습은

　1510년에 처음 쌓고 1555년에 다시 쌓은 함안읍성은 오횡묵 군수 시절에 이미 곳곳이 허물어져 있었다. 오횡묵이 1889년 4월 22일 읽은 〈군지〉에 7003척이라 적혀 있고 닷새 뒤 비봉산에서 내려다보며 "넉넉잡아 5리 정도恰爲五里許"라 했던 많은 구간이 그랬다.

　다시 130년이 지난 지금은 어떤 모습일까? 다른 지역 사람들은 물론 함안에 사는 사람들조차 함안읍성이라 하면 대부분 무너지고 허물어진 정도를 넘어 거의 없어졌다고 여기고 있다.

　산지에 쌓은 읍성은 대부분 양호한 상태로 남아 있었다. 성벽과 치성에 더하여 마른해자와 명문 각석도 확인이 되었다. 옛날과 달리 빽빽하게 우거진 수풀 탓에 사람들 눈에 띄지 않았을 뿐이었던 것이다.

　평지에 쌓은 읍성도 북문터 서쪽 일대와 남문터~동문터는 자취가 뚜렷했다. 남문~동문은 민가 안쪽에 담장으로 남았고 북문 서쪽은 잡초에 가려져 있다. 반면 남문 서쪽 성벽과 동문 북쪽 성벽 그리고 해자는 모두 사라졌다.

감나무밭 가운데에 남아 있는 서문 남쪽 성벽. 토성처럼 보이지만
실제 발굴하면 석성일 가능성이 100%라고 한다.

그윽하고 포근한 마른해자

함안면 괴산리 253-3 민가에서 왼편으로 산길을 오르면 곧바로 허
물어진 성벽이 나타난다. 성벽 바깥에는 알파벳 U자 모양이 펑퍼짐
한 모습으로 길게 나와 있다. 깊이는 3미터 너비는 6미터 정도다.

건호乾濠 또는 외황外隍이라 하는 마른해자다. 성벽과 함께 남쪽으로
꺾어지고 나서도 계속 이어진다. 줄잡아도 200미터는 충분히 될 것
같다. 물이 채워지는 평지성의 해자와 마찬가지로 외적의 침입을 막
는 데 쓰였다. 바닥에는 잔풀이 나지막했고 어린 나무도 군데군데
자라나 있다. 뒤에는 사람이 기르는지 매실나무가 일정한 간격으로
심어져 있었다. 안으로 들어가 위로 쳐다보니 그윽하고 포근한 느낌
이 들었다.

명문 각석도 눈에 띄고

북성과 서성이 만나는 지점에는 글자가 새겨진 바위가 있었다. 왼편(남쪽)으로 조금씩 휘어지던 성벽 윤곽이 90도 가깝게 남쪽으로 꺾이는 자리다. 나무 옆에 있는 커다란 바위에 글자가 있는 것이다. 절반 넘어 가리고 있는 흙무더기를 파냈더니 한자가 선명하게 보였다. 세로로 두 줄로 넉 자씩 왼편은 "대구하말^{大邱下末}" 오른편은 "비안상말^{比安上末}"이라 새겨져 있다.

'대구'는 지금 광역시 대구이고 '비안'은 지금 경북 의성군 비안면으로 당시는 독립된 현^縣이었다. '상말'과 '하말'은 지금 우리말로 첫머리와 끝머리다. 바위 왼편은 대구 사람들이 쌓은 마지막 자리가 되고 오른편은 비안 사람들이 쌓은 시작 자리가 된다. 북성은 대구 사람들이 쌓고 서성은 비안 사람들이 쌓았다는 얘기다.

산지는 성벽도 대체로 온전

마른해자 만큼은 아니지만 성벽도 제법 남아 있다. 흘러내린 흙더미와 수북한 수풀 때문에 잘 보이지 않을 뿐이다. 가장 높은 자리로 여겨지는 지점에서 수풀을 헤치고 내려다보니 안팎 풍경이 한 눈에 들어왔다.

바닥에는 크지 않은 돌무더기들이 수북했다. 일정한 형태를 갖추었다고 보기는 어려웠다. 이런 정황들이 보니까 원래 치성을 두었을 만한 자리라 여겨지게 했다. 그렇다면 오횡묵이 올랐다는 북장대가 되겠다.

성벽은 분명하게 나타나거나 흙더미에 묻혔거나 수풀에 가려졌거나 거의 허물어졌거나를 되풀이하며 줄곧 이어졌다. 얼핏 그냥 언덕

북족 성벽과 서쪽 성벽이 마주치는 자리에 잇는 명문 각석.

봉성5길7의 크고 잘 생긴 면석들.

처럼 보이지만 흙무더기를 걷어내기만 해도 성벽이 곧바로 나타날 것 같은 데가 많았다. 〈함안총쇄록〉에 서문이라 적혀 있는 성고개까지 줄곧 그랬다.

서문 남쪽에는 치성이 잘 남았고

서문 남쪽에서도 치성이 하나 확인되었다. 성고개에서 맞은편으로 올라가니 성벽과 그 바깥으로 튀어나온 석축石築이 보였다. 잡풀에 덮여 있어 분간하기 어려웠지만 위에서 공격과 방어를 좀 더 쉽게 하려고 쌓은 치성이 분명했다. 앞서 본 치성은 심하게 허물어져 형태를 알기가 쉽지 않았으나 여기서는 차곡차곡 쌓아올린 모습이 선명하게 나타났다.

서문을 지나면서 마른해자는 이미 자취가 희미해지거나 사라졌고 치성을 지나 내리막으로 접어들면서는 성벽도 찾아보기가 어려웠다. 거의 끝자락에 나타난 감나무밭에서는 아래위로 길게 뻗은 성벽을 볼 수 있었다. 띠가 덮고 있어서 돌은 보이지 않았다. 하지만 두류문화연구원 최헌섭 원장은 "토성처럼 보이지만 흙과 띠를 걷어내면 바로 석축 구조가 나타나게 되어 있다"며 "바로 아래 대숲에는 석축 내부를 보여주는 구조물도 있다"고 말했다.

대문 너머 담장으로 남은 남문~동문

평지에 쌓은 읍성에도 성벽이 제대로 남은 데가 있다. 크고 잘 생긴 면석面石이 뚜렷한 데는 봉성5길7 집 대문 너머 보이는 담벼락이다. 커다란 바위가 왼쪽과 오른쪽에 최소한 제각각 10개와 6개가 받치고 있는 것이 완연한 성벽 모양이다.

허물어지고 일부만 남았다고 허투루 여길 일이 아니다. 지금이라도 당장 보전에 나서면 좋겠다. 다른 지역 읍성에서는 이렇게 큼지막한 면석을 찾아보기 어렵기 때문이다. 면석과 면석 사이는 자잘한 돌들이 채우고 있고 위쪽도 마찬가지였다.

지대석地臺石이 잘 남은 자리도 있다. 봉성5길 21이다. 위쪽 성벽의 무게를 받치면서 지반을 단단하게 다지기 위하여 바닥에 튀어나오도

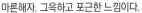

마른해자. 그윽하고 포근한 느낌이다.

북문 서쪽 성벽 위의 노거수와 〈함안총쇄록〉에 '동정호'로 나오는 연못.

록 박은 돌이 지대석이다. 최헌섭 원장은 "창원읍성 발굴 사례로 볼 때 지대석 아래에는 납작한 박석薄石이 깔려 있을 개연성이 높다. 빗물에 파이지 않게 하고 물빠짐을 좋게 하는 동시에 바닥을 안정시키는 구실을 한다"고 말했다. 500년 전 축성 기법을 확인할 수 있는 실물이다.

텃밭으로 변신한 읍성도 있다. 봉성5길 17에 있는 민가 안쪽으로, 남문터의 동쪽 구간이다. 문간에서 왼쪽 계단으로 1.5미터 정도 올라가면 대략 너비 3미터 길이 10미터에 상추와 들깨가 심겨 있다. 이밖에 봉성5길 31에도 성벽의 흔적이 미약하나마 남아 있다.

연못 앞에 노거수 우뚝한 북쪽 성벽

북문터 서쪽 함안대로 155 일대에도 성벽이 뚜렷하다. 토석과 잡풀에 뒤덮인 채 나지막이 앉아 있다. 위에 노거수가 몇 그루 솟았는데 회화나무는 말라 죽었고 팽나무들은 살아 있다. 읍성이 군사 기능을 했다면 당연히 베어냈어야 한다. 나무 나이만큼 오래 전부터 성곽이 관리되지 않았다는 얘기다.

남쪽을 보면 바로 앞 농지 한가운데에 연못이 있다. 〈함안총쇄록〉에서 오횡묵은 '동정호'라 했다. 여든이 넘었다는 이웃 어른께 이름을 여쭈었더니 "말한테 물을 먹였다고 해서 말못이라 했다. 어릴 때 어른들한테 들었다"고 하셨다. 가로(동서)와 세로(남북)가 각각 25미터와 15미터 가량인데 사방 둘레를 편평하고 두껍게 떼어낸 퇴적암으로 비스듬히 세워서 어긋나게 쌓았다.

연못은 성안 물줄기들이 밖으로 나가기 전에 모여드는 자리다. 성벽의 안전과 직결되는 시설이다. 우리문화재연구원 권순강 조사연구부장은 "이렇게 모이도록 하면 물은 흐름이 약해지면서 파괴력을 잃는 동시에 이물질은 가라앉고 물만 천천히 밖으로 내보내진다"며 "성벽과 못의 이런 배치는 고대 성곽에서도 보이는데 읍성이 이를 계승했다고 보면 된다"고 밝혔다.

가장 심각하게 망가진 구간은?

동문터 북쪽과 북문터 동쪽에 해당되는 성벽이다. 1970년대만 해도 많이 남아 있었지만 지금은 겉으로 보기에 전혀 남아 있지 않다. 새마을운동을 비롯해 개발이 진행되면서 급격하게 사라진 모양이다.

다음으로 많이 망가진 데는 동문터 일대다. 커다란 바위들이 무더기로 남아 있는데 콘크리트 범벅이다. 원래는 면석 구실을 했을 것 같지만 지금은 콘크리트로 두세 겹으로 쌓인 채 한 덩이가 되어 있다.

동문터 남쪽 봉성5길 53~57에도 면석으로 쓰였을 큰 바위들이 어지럽게 널려 있다. 더불어 돌담장이 제법 길게 이어지지만 이는 어쩐지 성벽이 남은 자취라기보다는 허물어지고 사라진 흔적으로 여겨졌다.

명문 각석 사라진 남문터 서쪽

일제강점기에 이미 남문터 서쪽 구간은 성벽 위에 도로가 났다. 도로 남쪽은 민가가 다닥다닥 붙어 있고 북쪽은 함안초등학교와 이어진다. 도로는 이들 민가와 학교를 아래로 내려다보면서 지나간다.

최헌섭 원장은 "우리 손으로 도로를 냈다면 저렇게 하진 않았을 텐데 성채를 못 쓰게 하려는 악의가 선명하게 느껴진다"며 "하지만 그 의도와는 달리 도로 아래에 성벽이 잘 보존되어 있을 개연성이 크다"고 했다.

여기에 작업 구간을 표시하는 명문 각석이 있었다. 〈함안군 문화유적분포지도〉창원대박물관, 2006년에 나온다.

"〈대정6년도 고적조사보고大正六年度 古蹟調査報告〉에 의하면 남문지 서쪽의 성벽에 '봉화상말奉化上末 영덕하말盈德下末'이라 2행으로 각자한 명문이 있었다고 하나 남성벽으로 파수로 통하는 도로가 개설되고 민가가 건축되면서 파괴된 듯하다."

하지만 명문 각석이 파괴되었는지 여부는 아직 확인되지 않았다. 대정 6년은 1917년이다.

해자는 어떻게 되었을까?

읍성의 전체 구성에는 해자도 포함된다. 읍성 바깥 둘레를 파내어 물이 흐르게 한 침입 방지 시설이 해자다. 오횡묵이 읽은 〈군지〉는 이를 '보지堡池'라 적고 깊이 6척 너비 12척이라 했다.

지금은 모두 없어졌다. 국토지리정보원의 시기별 항공사진으로 시기를 가늠해 보았다. 가장 먼저 없어진 데는 남문 동쪽에서 동문까지이다. 1954년 6.25전쟁 직후 사진에 이미 사라져 있다. 다음은 남문 서쪽이다. 1970년 사진에 띄엄띄엄 민가가 들어서 있다가 1982년 사진에서는 거의 모든 면적을 민가가 차지했다. 가장 늦게까지 해자가 남았던 데는 동문 북쪽에서 북문 동쪽까지이다. 2000년 사진에도 자취가 있다.

동문 일대와 그 남쪽은 옛날 해자 위에 민가 또는 농경지가 자리잡고 있다. 동문 북쪽은 해자를 파묻은 위에 사람 다니는 인도나 화단이 개설되었다. 화단과 인도는 맨 흙이 그대로 드러난 구간으로 바뀌었다가 콘크리트 수로水路와 두 줄로 심긴 가로수로 다시 바뀐다.

권순강 부장은 "남문 서쪽에서 동문을 거쳐 북문 동쪽에 걸쳐 있었던 해자는 매몰된 시기가 다르다. 발굴을 하면 많고 적은 차이는

〈함안총쇄록〉에 서문이라 적혀 있는 성고개에 남은 성벽.

있겠지만 모든 구간에서 옛날 모습을 상당히 확인할 수 있을 것이
다"고 말했다.

산지 읍성부터 원형 회복을

합안읍성에서 산지는 상당한 정도로 원래 모습이 유지되고 있었
다. 경관을 조금만 정비하고 관리하면 훌륭한 생태역사탐방자원으
로 새로 태어날 것 같았다. 성벽과 해자 안팎을 무성하게 뒤덮은 수
풀과 흙더미를 일단 걷어내는 것이다. 성산산성은 이미 그렇게 되어
있다.

석축도 느낌이 있었지만 마른해자가 특히 색달랐다. 아무 데서나 쉽게 볼 수 없는 유적이기 때문이겠지만 그 부드럽고 유연한 모습이 왠지 좋았다. 성벽과 마른해자의 나란한 동행과 조화로움도 은근히 감흥을 일으켰다.

최헌섭 원장은 "지금 성벽은 100년 넘는 세월을 지나면서 안정화되었기 때문에 수풀과 흙더미를 제거해도 무너지지 않는다"며 "이렇게만 정리해도 곧바로 130년 전 모습을 되찾을 수 있다"고 말했다.

거리가 1킬로미터 안팎으로 적당하고 가파른 비탈도 없어서 누구나 부담 없이 걸을 수 있는 산길이다. 조금만 손질을 하면 느낌도 산뜻하고 역사유적도 누릴 수 있는 산책로 하나가 새로 생겨나게 되는 것이다.

나머지 평지 읍성은 다른 지역에서도 하는 것처럼 성곽 흔적에 대해 보기 좋게 안내판을 마련하면 좋을 것 같다. 함안읍성은 뜻밖에도 그 명성이 적지 않게 알려져 당장 크게 표시 나지는 않지만 많은 사람들이 찾아오기 때문이다. 이밖에 다른 부분을 어떻게 하면 좋을지는 상황이 진척되는 정도를 보아가면서 하면 되지 싶다.

함안읍성 일대를 찍은 1954년(위)과 1970년 항공사진. 북문 아래에 〈함안총쇄록〉에 동정호로 나오는 연못이 선명하다. 논에 보이는 검은 반점은 둠벙으로 보면 된다. 옛날에는 이렇게 많았으나 지금은 동정호 아래에 하나밖에 남지 않았다. 성곽 바깥으로 특히 북동쪽은 해자가 선명하게 나타나 있다. 오른쪽 위에 활처럼 굽은 것은 전통 수로인데 이것은 지금도 거의 손상되지 않은 채 남아 있다. ⓒ국토지리정보원

5.
성산산성

오횡묵은 성산산성을 두고 '옛 읍터^{고읍기古邑基}'이고 '이름은 조남산^{趙南山}'이라 했다. 그러면서 1890년 3월 2일 오전에 올라갔다. 부임 이튿날 읽은 〈군지〉에는 고적^{古蹟}조에 '가야국 옛 터^{伽倻國} ^{구허舊墟}'로 소개되어 "북쪽 5리 성산 위에 있다. 성터가 완연하다"고 적혀 있다.

그런데 실상을 알고 보면 그 이상으로 대단한 것이 바로 성산산성이다.

목간의 최대 보물창고

성산산성은 1991년에 발굴되기 시작했다. 성을 쌓은 주체는 신라인이었고 연대는 600년대 초반이었다. 아라가야가 먼저 쌓았고 나중에 신라가 점령한 뒤 새로 쌓았다. 산성은 대부분 누가 언제 쌓았는지 명확하지 않다. 하지만 성산산성은 당시 관직 등이 적힌 목간이 발견된 덕분에 주체와 연대를 특정할 수 있었다.

출토된 목간 308점 가운데 221호 목간은 1500년 전에 이미 신라 행정이 문서로 집행되고 있었음을 보여주었다. 6월에 군대 제의를 마친 성인 남자들이 산성을 쌓으러 가려 했으나 고위직 인사가 갑작스레 죽는 바람에 못 가게 되었다고 한 촌주가 상부에 보고하는 내용이다.

경주뿐 아니라 지방도 법률에 따라 통치되고 있었음을 보여주는 4면 목간도 나왔다. 진내멸眞乃滅 촌주村主가 □성□城에 있는在 미즉이지 대사^{弥即尒智 大舍}와 하지下智에게 올리는 보고서다. 이타리 급벌척^{伊他罹 及伐尺}이 법^法대로 한다며 30일 부역을 하고 돌아갔는데 법^法으로 따져보니 60일이 맞아서 자기의 어리석음을 두려워하며 아뢰고 있다.

성산산성은 우리나라 고대 목간의 최대 보물창고다. 여태 발견된 목간이 모두 1239점인데 4분의1이 성산산성에서 나왔기 때문이다. 대부분은 '△△성'·'○○촌' 같은 지명과 보리·피 같은 곡물 이름이 적힌 하물^{荷物} 꼬리표였다.

기적 같이 환생한 고려시대 연꽃

성산산성은 오래된 연밥^{연씨}도 간직하고 있었다. 천연 습지에 조성한 인공 연못의 퇴적지층 4~5m 깊이에 연밥 10개가 박혀 있었다. 2009년 5월 8일 찾아 한국지질자원연구원에서 탄소연대측정을 했더니 650년 전~760년 전 고려시대로 나왔다.

닷새만인 13일 3개가 싹을 틔웠고 하나는 포기가 나뉘어 네 개로 불었다. 이렇게 싹은 바로 나왔어도 꽃이 피기까지는 1년을 더 기다려야 했다. 2010년 6월 20일 첫 꽃대가 솟았고 7월 7일 첫 개화가 이루어졌다.

꽃빛은 처음 필 때는 통째 진한 선홍색이다가 아래부터 옅어지기 시작하여 질 때 즈음에는 끝부분만 홍색이다. 고려불화에 나오는 은은한 연꽃 그대로다. 함안군청은 700년 지나 환생한 연꽃을 아라홍련이라 명명했다. '아라'는 당연히 아라가야에서 나왔다.

고려시대 연밥이 어떻게 조남산 꼭대기 성산산성에서 발견될 수 있었을까? 보통 사람들의 상식으로는 이해하기 어렵지만 알고 보면 간단하다. 마른 땅에 억지로 물을 끌어들여 만든 연못이 아니고 자연스레 물이 고이는 천연 습지를 파서 만든 연못이기 때문이다.

이찬우 생태학 박사는 "물억새·미나리와 고랭이·사초 같은 풀과 뽕나무·느릅나무·버드나무 같은 나무는 모두 물을 좋아하는 습지식물이다"며 "성산산성 안쪽에서 이런 습지식물이 다수 확인되었는데 성산산성 같은 산지습지는 상대적으로 희귀한 편이다"고 말했다.

성산산성 산책로 곳곳에서 마주치는 멋진 나무들.

오횡묵의 기록과 유리건판 사진

성산산성은 1910년대에 찍은 유리건판 사진이 하나 있다. 동문과 남문 사이 어느 지점에서 북쪽을 향해 찍었다. 〈함안총쇄록〉에 적혀 있는 모습과 무엇이 같고 다른지 견주어 볼 수 있는 국립중앙박물관 자료다.

오횡묵이 본 성산산성은 이랬다. 성곽은 "돌로 만든 성가퀴가 산의 네 머리를 빙 둘러 있고 열에 일고여덟은 흙무더기인데 덩굴풀이 뒤엉겨 있었다." 내부는 "성은 안쪽이 깊숙한데 너비가 활 네 바탕 정도 된다. 활 한 바탕 거리 안쪽 바닥에는 조금 튀어나온 데가 있는데 이미 무덤이 모두 들어서 있다. 어린 소나무와 얕은 모래가 거듭 포개져^{누루치송천사累累穉松淺沙} 있는 것이 자손이 없는 형상을 가까스로 벗어났다." 그리고 "북쪽 언덕에는 집^{옥자屋子}이 한 채 있는데 그 앞에 농부 한 사람이 방황하고 있었다."

북쪽 언덕에 집이 한 채 있는 것은 같고 소나무와 모래도 양쪽 모두에서 볼 수 있다. 반면 성곽을 뒤덮은 덩굴풀과 안쪽에 들어선 무덤은 〈함안총쇄록〉에만 나온다. 사진을 보면 성곽 위(왼쪽에 조금 보인다)는 덩굴풀 대신 오솔길이 선명하고 안쪽은 무덤들 대신 농경지가 빽빽하다.

왼쪽 위에서 오른쪽 아래로 뚜렷하게 이어지는 산길도 눈길을 끈다. 20~30년밖에 안 되는 사이에 이토록 달라진 것일까, 오횡묵이 보고도 적지 않았던 것일까?

일제도 관심 갖고 고적 지정

성산산성에 대한 관심은 옛날부터 있어 왔다. 1587년 당시 군수 한강 정구가 주도하여 만든 〈함주지〉에도 '가야국 옛 터伽倻國 舊墟'로 '고적古跡' 조항에 나온다. "1569년에 장범張範 군수가 여기에 서원을 세웠는데 이번에금수 금천琴川으로 옮겼다"고도 덧붙였다. 장범은 1568년 함안군수로 와서 1573년에 임지에서 세상을 떠난 인물이다.

일제도 관심을 보였다. 1939년 10월 17일자 〈매일신보〉 2면 '늘어가는 보물고적-새로 지정된 것 97건' 기사를 보면 성산산성을 비롯한 산성과 도요지 30군데가 고적古跡으로 지정되고 있다.

"9월 10일 전조선적으로 실시한 고적 애호일을 기회로 하여 내선일체內鮮一體의 여러 가지 사실史實을 고적과 천연기념물로부터 찾아내게 하고 … 영구히 기념 보존하기로 하였던 바 …18일자로 새로운 지정을 하기로 하였다."

성산산성 내부를 찍은 조선총독부의 1910년대 유리건판 사진. ⓒ국립중앙박물관.

1939년 10월 17일 자 〈매일신보〉 2면 '늘어가는 보물고적-새로 지정된 것 97건' 기사.

해방된 뒤에는 1962년 문화재보호법이 제정되고 나서 그 직후인 1963년 1월 최초로 사적이 지정되었다. 성산산성은 이때 제67호로 명단에 이름을 올렸다. 성산산성 말고 포석정·김해 봉황동 유적·수원 화성·화왕산성·분산성·진주성·서울 사직단 등 124군데가 더 있었다. 2019년 2월 26일 현재는 사적 제549호까지 나와 있다.

군수가 백성 골탕 먹인 자리

오횡묵도 아마 이런 관심으로 올랐을 것이다. 그런데 실제로는 뜬금없이 거기 있는 농부에게 골탕을 먹였다. 지금 관점으로 보면 명백한 직권남용이고 인권 유린이다. 하지만 당시는 반상에 따른 계급 차별과 관존민비官尊民卑가 사회를 지배하는 질서였다. 〈함안총쇄록〉에는 농민과 아전 등을 군수가 골리고 괴롭히는 장면이 이밖에도 적지 않게 나온다.

"말을 부드럽게 누그러뜨리고 물었다. '어르신의 성은 무엇이며 여기 살면서 하는 일은 무엇입니까?' '성은 조가이고 이씨 묘를 지킵니다.' '나는 서울 사는 사람인데 성안에 명혈名穴이 있다고 들었습니다. … 오늘 밤이 깊은 뒤에 장사지낼 계획이었습니다. 어르신은 이씨 묘지기이니 금하지 않겠습니까? 만약 금하지 않고 나를 위해 호장護葬을 해주면 반드시 논을 넉넉히 사서 바로 드리겠습니다.' '비록 단독으로 금할 능력은 없지만 무덤 주인한테 알리지 않을 수 없습니다.' '무덤 주인에게 알려 금장禁葬을 하면 신상에 큰 화가 미칠 것입니다.'"

지인도 나서서 협박한다. '저 양반의 세도가 대단해서 허락지 않으면 쥐도 새도 모르게 사라질 것이고 허락하면 이씨 묘지기보다 백

성산산성 동문터 발굴 현장.

소나무 사이로 보이는 동문터 발굴 현장.

배는 나을 것이다.' 그런 끝에 '나를 움직이지 못하도록 꽁꽁 묶으십시오. 그래야 이씨한테 할 말이 있겠습니다. 그 다음은 마음대로 하십시오' 하는 대답을 받아낸다.

오횡묵은 '관문官門이 지척인데도 내가 누구인지 멍하니 몰라보았다. 오직 속았다고만 생각하고 끝까지 알아차리지 못할 테니 참 순박한 백성純朴한 百姓이다'고 생각했다. 어리석다고 놀리기는 했지만 그 진솔함은 평가했다고 할까.

산성 가는 산길을 아무도 몰랐다니

오횡묵 일행은 산성 오르는 길을 제대로 찾지 못했다.

"성고개를 지나 소괴항에 이르러 조익규趙益奎를 방문하였다. 앞길이 보이지 않아 우물거렸다. 마을사람을 불러 물었지만 보기만 하고 아무도 가리키는 사람이 없었다. 한 농사꾼이 멀리 가리키며 '저리로 가십시오'라 했는데 매우 모호하였다. 미심쩍어 하는 사이에 길을 잡아 올랐으나 비 온 끝이라 매우 미끄러워 걷기 어려웠다. 산중턱에 와서 길을 잘못 들었음을 알았다. 다시 돌아가서 가로세로 길을 오가며 꼭대기에 올랐다."

군수의 행차인데도 이렇게 헤맸다니 흥미로운 일이다. 오횡묵과 동행한 지인 3명은 외지 사람이라 그렇다 쳐도 통인(수행비서) 2명과 관노·방자(심부름꾼)를 1명씩 거느리고 갔는데도 길을 몰랐다는 것이 지금으로서는 이해하기 어렵다. '가야국 옛 터'나 '옛 읍터'는 그 시대 일반 백성들의 일상에는 들어 있지 않았던 모양이다.

또 '성고개를 지나 소괴항에 이르렀다'고 하였다. 그대로 갔더니 먼

수풀을 헤치고 안으로 들어가면 둥치가 이렇게 생긴 뽕나무를 어렵지 않게 만날 수 있다.

저 신개마을이 나오고 다음에 괴항마을이 나왔다. 상식적으로 생각
하면 오횡묵 일행이 오르기 시작한 소괴항은 지금 신개마을인 듯하
지만 확정할 수는 없었다. 함안조씨 족보에서 1814년에 태어난 조익
규라는 인물이 있었다는 사실은 확인되었지만 1890년 당시 생존 여
부와 살았던 집의 구체적인 위치는 알아내지 못했다.

올라가는 산길은 어땠을까? 지금은 좌우로 좁다란 농경지가 다닥
다닥 붙어 있다. 농사를 짓는 데도 있고 묵정이가 되어 있는 데도
있다. 농지가 길가에 있다면 사람들이 늘 다니므로 길을 찾지 못할
까닭이 없다. 당시에는 여기에 농사를 짓지도 않았고 길도 제대로
없었을 것으로 짐작할 수 있는 대목이다.

옛날 군사요충을 이제는 새 랜드마크로

이런 사연을 안고 있는 성산산성은 서쪽과 북쪽이 첫 번째와 두 번째로 높고 남쪽은 그 다음이며 가운데는 움푹 꺼져 분지를 이루었다. 유일하게 열려 있는 동쪽으로는 계곡이 나서 아래로 내려간다. 136미터로 높지 않지만 정상에서는 동북쪽으로 함안천이 한 눈에 보인다. 서쪽과 동쪽에서 신음천과 검암천을 끌어안은 함안천은 남강으로 이어지고 남강은 낙동강과 합류한다. 옛적 외적이 쳐들어온다면 이 물길을 거슬러 올랐을 것이다. 함안을 지키는 산성을 둔다면 예나 이제나 여기가 으뜸 적지라 하겠다.

옛날 관점에서 보면 이처럼 군사요충이지만 지금 관점에서 새롭게 보면 역사·문화적으로 함안을 대표하는 랜드마크로서 손색이 없는 자리가 성산산성이다. 고대 목간의 '최대' 보물창고라는 역사성이 첫째고 고려 연꽃이 700년 만에 환생한 '유일' 본향이라는 화제성이 둘째며 아늑하고 포근한 경관을 연출하는 '희귀'한 산지습지라는 생태적 특징이 셋째다. 이를 제대로 살리는 방향으로 조금만 가다듬어도 성산산성은 함안의 킬러콘텐츠가 되고도 남을 것이다.

높지 않고 야트막해서 누구나 쉽게 접근할 수 있다는 것도 작지 않은 장점이다. 사방을 빙 두른 성곽 안쪽으로 조성되어 있는 산책로는 경관과 전망이 모두 그럴싸하다. 무진정·함안읍성·말이산고분군·함안박물관 등 함안의 다른 명소들과 가깝다는 것 또한 썩 괜찮은 미덕이다.

6.
세시풍속 :
복날과 정월대보름

오횡묵은 역시 기록의 달인이었다. 여태 어떤 기록에도 나오지 않는 당시 풍속을 〈함안총쇄록〉 곳곳에 기록으로 남겨 놓은 것이다. 오횡묵은 자기가 봤을 때 새롭거나 흥미로운 것을 자세하게 적었다. 〈함안총쇄록〉에 적혀 있는 당대 세시풍속을 보면 지금 우리한테 잘못 알려진 것도 있고 흔적도 없이 사라진 것도 있다. 바로잡고 고치거나 새로 되살려야 할 것이 그만큼 된다는 얘기다.

복날에 팥죽을 먹다

팥죽은 동짓날에 쑤어 먹는다. 지금도 그렇고 〈함안총쇄록〉에서도 그렇다.

"팥죽을 끓여 삼반관속에게 나누어 먹이고 동지음을 지었다.^{자두죽 반궤삼반 작}

동지음煮豆粥 頒饋三班 作冬至吟"1892. 11. 3

삼반관속은 관아에 딸린 아전·장교와 관노·사령들이고 동지음은 요즘 말로 동짓날 기념시쯤 된다.

 "여느 해처럼 붉은 팥죽으로 여귀厲鬼를 쫓고/ 사방에서 보고 있는 삼반관속을 불러 같이 맛보네."

여귀는 억울하게 죽어서 제사를 받지 못하는 귀신인데 옛날 사람들은 이들이 돌림병을 일으킨다고 여겼다.

그런데 깜짝 반전이 일어난다. 복날에도 즐겨 먹었던 것이 바로 팥죽이었다. 우리는 옛날에는 복날이 되면 주로 개장국을 끓여먹었다고만 여긴다. 옛날 농경사회에서는 먹을 것이 많지 않았다. 모내기를 마치고 더운 여름이 되었을 때 기력을 보충해야 하는데 소는 논밭을 갈아야 하므로 손댈 수 없고 대신 만만한 개를 잡아 보신탕을 삼았다는 것이다. 하지만 〈함안총쇄록〉을 보면 복날에 가장 많이 먹은 세시음식은 개장국이 아닌 팥죽이었다.

팥죽을 먹었던 까닭은

복날 팥죽을 먹은 기록은 여러 곳에 나온다. 1889년 초복을 보면 "관아에 있는 손님과 통인들에게 팥죽을 베풀어 다함께 실컷 가절佳節을 즐겼다."1889. 6. 16 이듬해는 초복1890. 6. 2에 "점심으로 팥죽을 관아 손님과 삼반관속에게 나누어주었"고 중복1890. 6. 12에도 "팥죽과 떡을 관아 소속들에게 나누어 먹였다." 이태 지난 뒤의 말복1892. 윤6. 24에도 "팥죽으로 호궤犒饋했다"고 적어 놓았다.

그런데 재미있게도 팥죽을 그냥 그대로 먹지는 않았던 모양이다. "한 사발 얼음 쟁반 붉은 팥죽이여일완빙반홍두죽—椀氷槃紅豆粥"라는 한시1890.6.2.가 나오는 것을 보면 지금 여름철에 먹는 팥빙수와 비슷하지 않았을까 싶다. 이처럼 복날에 팥죽을 먹었던 까닭은 무엇일까?

"추울 땐 염병을 물리치고 더울 땐 더위를 물리치니/ 색은 불그스레하고 맛은 달콤하네/ 오늘 아침 한 대접에 소갈증이 사라지니/ 황매우(장맛비)에 젖는 것보다 나은 듯하네."

달콤한 팥맛으로 목마름(소갈증)을 가시게 하고 그로써 더위를 식혔던 모양이다.

복날에는 곤드레만드레?

오횡묵은 또 복날에 술도 마셨다. 안주는 닭고기였다. 1890년 6월 2일 초복날 저녁에 "해가 서쪽에 있을 때 닭을 삶아 술을 마셨다." 그러면서 "하삭지음河朔之飮을 본받았다"고 했다. '하삭지음'은 중국 후한 말 유송劉松이라는 사람이 하삭 땅에서 원소의 자제들과 삼복에 밤낮으로 술자리를 벌인 옛 일에서 나왔는데 피서를 위하여 꼭지가 돌도록 술을 마신다는 뜻이다.

그런데 서울은 복날 차림표가 달랐다. 1891년에는 초복이 6월 8일 이었는데 이 때 오횡묵은 서울에 있었다.

"막걸리백주白酒·개장국구탕狗湯·돼지고기저육豬肉·쌀밥과 참외 등속을 소내所內('공상소工桑所 내부'를 말한다. 공상소는 왕실 직영 뽕나무 농장이다. 오횡묵은 여기 실무책임^{감동=監董}도 맡고 있었다)의 비장 이하 수직 군사들에게 보내어 먹였다."

팥죽이 빠지고 개장국이 들어가 있다. 이유가 무엇인지 살짝 궁금해졌다. 복날에 개잡는 풍속이 서울을 비롯한 중부 지역에만 있고 남부 지역에는 없었을 수도 있을까.

지금은 사라진 함안의 줄다리기

지금 줄다리기를 행하는 고장은 많지 않다. 무형문화재로 올라 있는 줄다리기는 경남의 경우 창녕 영산줄다리기와 의령 의령큰줄땡기기 두 개뿐이다. 전국으로 넓혀보아도 충남 당진의 기지시줄다리기와 강원도 삼척의 삼척기줄다리기 둘이 더해지는 정도이다. 대부분 사람들이 줄다리기가 일부 특정 지역에서만 행해졌던 민속놀이로 여기는 까닭이다. 그런데 130년 전에는 함안에서도 줄다리기를 하고 있었다. 이로 미루어 단지 우리가 몰라서 그렇지 옛날에는 함안을 비롯한 더 많은 지역에서 행해졌을 것으로 짐작된다.

줄다리기는 〈함안총쇄록〉에 세 번 나오는데 처음인 1890년 2월 1일이 가장 자세하다.

"산내^{山內}면과 상리^{上里}면은 줄다리기로 승패를 가려 한 해의 풍흉을 점치는데 이는 예부터 내려오는 관습이다. 이 날 지과정 서쪽 곡성^{曲城}에 자리를 정하고 관전하여 즐겼다."

줄다리기 승패에 목숨을 걸다

"장년과 젊은 사람들이 4000~5000명 모였다. 두 면의 사람들이 남북으로 서로 나뉘어 새끼줄을 동네마다 가져와서 합하여 하나로 묶어 새끼줄을 고리지어 연결하였다. 저마다 비늘처럼 차례로 서서 새끼줄을 잡는데 흡사 개미가 붙고 벌이 모여든 것 같았다. 높은 함성으로 힘을 합쳐 팽팽히 끌어당겨 기세가 올라가자 영차 소리가 천지를 진동시켰다."

당시 함안 전체 인구가 2만 안팎이었으니 4000~5000명이 모였다면 엄청난 규모였다.

한 해 농사가 걸린 행사다 보니 죽기 살기로 매달렸고 그래서 위험한 상황이 연출되기도 하였다.

"한창 무르익었는데 어떤 사람이 다리가 줄 아래 눌려 문드러질 지경이 되었다. 끌어내어 구해야 했기에 내가 나팔을 불어 사람들을 놀라게 만들었다. 이에 사람들이 파도처럼 달아나고 별처럼 흩어지니 다리가 눌린 사람이 지면에 드러났다. 옆 사람이 도끼로 줄을 끊어 끄집어내었으므로 죽지는 않았다."

이를 본 오횡묵은 어떤 느낌이었을까?

"머리를 맞대고 싸우는 놀이지만 대결에 나서는 장면과 이기려고 분발하는 기세는 전쟁터와 다르지 않을 것이다. 비록 타는 불과 끓는 물에도 달려가고 화살과 돌도 피하지 않아야 할 텐데 어찌 나팔 한 번 불었다고 저리 놀라 사방으로 흩어지는가? 지금 위급한 일이 있으면 저들을 모두 몰아 써야 할 텐데 장차 어떻게 믿겠는가?"

신분 구별이 엄연했는데다 위에서 다스리는 사람이다 보니 이렇게 여기나 보다. 안위를 걱정하는 인간적인 모습이 아니라 제대로

2016년 3월 12일 함안군 칠원읍사무소 앞 도로에서 열린 '삼칠민속줄다리기'. ⓒ경남도민일보

부릴 만한 깜냥이 안 된다고 한탄하는 지배자의 모습이다.

두 번째인 1891년 1월 15일 정월대보름의 일기에는 장소가 명시되어 있다.

"상리·산내 두 면의 백성들이 편을 갈라 줄다리기를 하였는데 지난해와 같이 지과정 앞에서 내기를 걸었다."

그런데 지과정 앞은 군사들이 무예기술을 연습하는 광활한 교장 ^{教場}이 된다.

"상리가 이겼고 이긴 쪽이 줄을 모두 갖는 것이 전례다. 그런데 산내 사람들이 주려고 하지 않아 해가 지도록 붙들고 쉬지 않고 다투었다. 내가 줄을 잡고 양쪽을 불러 승부에 집착하지 말라고 꾸짖고는 도끼로 한가운데를 끊어 나누어 갖도록 했다."

이듬해인 1892년 정월대보름의 줄다리기는 무승부로 끝이 났다.

©서동진

"상리·산내 두 면이 줄다리기 내기를 했다. … 연이어 힘을 써서
서로 당겨 굴복시키려 했으나 어느 쪽도 끌어당기지 못했다. 포시^{哺時}
^{=오후 3-5시}가 되어 어두워지자 여럿이 다칠까봐 걱정되어 그만두고 돌
아가라고 명령했다."

지금 함안군 칠원읍에서는 해마다 삼칠민속줄다리기가 열리고는
있다. 칠원읍·칠서면·칠북면 등 삼칠 지역은 당시 칠원현으로 함안
군과는 별도로 독립되어 있었던 행정 단위였다.

달밤에 줄다리기를?

이와는 다른 줄다리기도 기록되어 있다. 1890년 정월대보름 달밤이었다. 오횡묵은 이날 통인배·호적수胡笛手 등과 더불어 남문을 걸어 나왔다.

"달빛이 정말 아름다웠다. 노는 무리유희지도遊戱之徒가 성에 가득히 서로 어울려 줄다리기 놀이만삭지희挽索之戱를 하고 있었는데 역시 장관이었다."

한 해 풍흉을 걸고 죽자사자 덤벼드는 줄다리기도 있지만 이와는 별도로 놀이 삼아 하는 줄다리기도 있었나 보다.

같은 풍물이라도 대접이 달라

정월대보름에는 다른 세시풍속도 있었다. 으뜸은 예나 이제나 달맞이였다.

"달맞이영월지유迎月之遊는 없는 마을이 없다. 계수나무 그림자계영桂影가 동쪽에서 나오자 늙은 농부들이 서로 축하하며 모두 금년에는 반드시 풍년이 들 징조라고 한다."(1890. 1. 15)

"조금 뒤에 얼음처럼 맑고 차가운 달이 올라왔다. 계수나무 그림자가 원만하면서 짙은 황색이었다. 모두들 '근년에 정월대보름 달을 처음 보았으니 마땅히 제일 좋은 징험이 있을 것입니다' 하였다."

한 해 전 정원대보름은 날이 흐렸었다. 그래서 달맞이를 할 수 없었다.

액을 쫓고 복을 부른다는 명목으로 정월대보름 전후에 집집마다 다니면서 풍물을 놀고 금품을 받는 일은 요즘에도 종종 벌어지고 있다. 대부분 마을 단위 모임이 주체인데 이렇게 모은 금품은 대개 공동 경비로 사용된다.

옛날에도 그랬던 모양인지 〈함안총쇄록〉에 관련 기록이 두 번 등장한다. 그런데 그에 대한 오횡묵의 대응이 다르다. 한 번은 놀게도 하고 금품도 주어 보냈지만 다른 한 번은 아예 놀지 못하게 했다. 무엇 때문에 이런 차이가 생겼을까.

"군북장 상인들과 서재書齋들이 한 해 경비를 동냥하려고 풍물과 복색을 갖추고 읍내를 한 바퀴 돌고는 관아 마당에서 놀기를 바라므로 하는 수 없이 놀게 하고 돈 10냥, 백지 1속束=100장. 옛날에는 엽전과 함께 반닫이에 보관할 정도로 귀한 물건이 좋이였다. 쌀 3말을 주었다."1890. 1. 17

"창원 광산匡山 백련사白蓮寺=지금 광산사의 스님 하은·경담·대성이 경비를 동냥하는 일로 관청 마당에서 먼저 한 번 놀면 읍내를 모두 두루 다닐 수 있다고 간청하였으나 민폐를 염려하여 허락지 않았다."1890. 1. 26

군북장 상인 등과 백련사 스님 사이의 차이는 딱 하나다. 한쪽은 자체 역량으로 읍내를 돈 다음 마지막에 관아를 들렀지만 다른 한쪽은 관아에 먼저 들른 다음 그 위세를 등에 업고 읍내를 돌려고 하였다. 하늘은 스스로 돕는 사람을 돕는다는 격언이 무엇을 뜻하는지 제대로 알려주는 사례라 하겠다.

7.
세시풍속 :
섣달그믐과 봄

세시풍속에 대한 오횡묵의 기록을 보면 아주 구체적이고 자세하다. 동작이나 행동은 물론 주변 경관이나 사람들의 반응에 더해 본인의 느낌까지 두루뭉술하지 않고 손으로 만지듯 눈으로 보듯 생생하게 적었다. 그 속에서 이제는 사라지고 없지만 130년 당시 함안 지역의 민속 현장을 상세하게 알려 주는 소중한 대목들을 발견할 수 있다.

섣달그믐은 묵은해를 보내고 새해를 맞이하는 송구영신의 세시풍속들이 많았다. 이것을 수세守歲라고 했다. 지금은 대부분 없어졌으나 수세에 관한 기록들이 〈함안총쇄록〉에는 그대로 남아 있다.

섣달그믐밤 뜬 눈으로 밤을 새다

지금 40대 이상이면 어린 시절 '까치설날에 잠을 자면 눈썹이 하얗게 샌다'는 어른들의 협박 아닌 협박에 겁을 먹고 쏟아지는 잠을 참

©서동진

으며 무거운 눈꺼풀을 견뎌보려고 애쓴 기억들이 있을 것이다. 이날 밤을 뜬 눈으로 지내야 복을 받는다는 얘기가 내려오고 있었기 때문이다.

〈함안총쇄록〉에는 한 해의 마지막 날에 밤샘을 했다는 기록이 있다. "지인들과 더불어 금학당(동헌)에서 섣달그믐날 밤샘守庚守庚을 했다. 함께 술을 마시고 시를 지었다."1889년 "지인들과 기생 금란과 한 번 만나 크게 먹었다. 닭이 이미 흐드러지게 울었다."1891년 "지인들과 금란과 더불어 술을 데워 마시면서 갖은 걱정을 없앴다. 조금 있으니 꿩이 소리를 보내 새해를 기쁘게 알렸다."1892년

멋들어진 표현으로 새해를 맞는 오횡묵이다.

그렇지만 130년 전에도 이미 반드시 지켜야 하는 풍속은 아니었던 모양이다. 1890년 섣달그믐에는 "밤이 깊어 손님들이 흩어지고 나도 잠자리에 들었다. 이리 뒹굴 저리 뒹굴 잠이 오지 않았다"고 적고 있다.

관아에서 푸닥거리를 하다

요즘 사람들에게 굿과 푸닥거리의 차이를 물으면 다들 고개를 갸웃거릴 것이다. 굿은 무당이 무악을 울리고 제물을 넉넉하게 갖추어 신을 모신 다음 즐겁게 하여 보내드리는 것이라면 푸닥거리는 잡귀에게 간단한 제물을 주고 주술을 부려서 쫓아내거나 떼어버리는 것이다. 이렇게 뜻을 알고 나면 섣달그믐에 푸닥거리를 했던 까닭도 어렵지 않게 짐작이 될 듯하다.

1890년은 "술각戌刻에 삼반관속의 제석 문안을 받고 나니 무격배들

이 징과 북 등을 갖고 와서 요란하게 한 바탕 놀았다. 전례에 따라 물건을 내려주고 평년과 같이 놀면 안 되니 멈추어 물러가라고 분부하였다." 1891년과 1892년에도 관아에서 제각각 푸닥거리패^{나대儺隊}와 무부들^{巫夫等}이 푸닥거리^{나희儺戲}를 했고 물건을 주었다고 적었다.

이런 푸닥거리는 관아에서만이 아니라 민간에서도 널리 행해지고 있었다. 오횡묵은 1992년 1월 3일 밀양으로 가면서 이렇게 적었다. "지나온 곳마다 푸닥거리^{儺戲}를 했다. 거리마다 하지 않는 데가 없었으니 세시풍속이 그러하다."

귀신을 몰아내는 데는 민과 관의 구분이 없었던 것이다.

섣달그믐밤에 귀신 묻는 놀이를

섣달그믐밤 귀신을 묻는 매귀희^{埋鬼戲}라는 놀이도 있었다. 옛날에는 특히 돌림병의 경우 귀신에게서 온다고 여겼다. 변변한 치료약이 없었던 당시는 돌림병은 바로 죽음이었다. 제사 지내줄 사람이 없는 무주고혼 또는 억울하게 죽었거나 비명에 횡사한 영혼의 해코지를 막기 위해 나라에서 나서서 어르고 달랬던 것이다.

매귀희에 대해서 오횡묵은 이렇게 적고 있다.

"돈 열 냥, 백지 두 속^{束=100장}, 쌀 서 말, 북어 한 쾌^{쾌=스무 마리}, 대구 세 마리, 막걸리^{白酒} 한 동이를 내려주었다. 나누어 먹더니 내아^{內衙}에 들어가 한 바탕 소리를 내고 육청^{六廳}에 가서도 그렇게 하였다. 대체로 해마다 하는 병마를 물리치는 일벽퇴려마^{一辟退癘魔}이라 했다."

1889년 12월 30일 밤 동헌 앞마당에서 귀신을 파묻던 장면을 기록해 놓은 글은 당시 사람들의 표정과 소리를 그대로 되살려 볼 수 있을 정도로 생생하다. 매귀희 놀이패는 이런 연행을 한 다음에 오횡묵에게 금품을 받았다.

"(동헌에 촛불을 켜고 있는데) 갑자기 횃불과 청사초롱이 켜지더니 돌층계 아래 마당이 휘황하였다. …관속들의 정월초하루^{정조正朝} 문안이 끝나고 바로 북·뿔·징·생황 소리가 났다. 어린아이 서른 명 남짓이 부르고 답하며 들어오고 뒤이어 장정 수십 명이 들어와 제각각 장기에 따라 넓은 마당에서 쇠악기와 가죽악기가 서로 번갈아들도록 연주를 하였다.

책상다리를 하였다가 펄쩍펄쩍 뛰곤 하는 가운데 특히 덩치 큰 한 사람이 얼굴에 탈을 쓰고^{면리외뢰面裏偎儡, 외뢰는 원래 꼭두각시 인형을 뜻하지만 여기서는 얼굴에 씌우는 탈과 같은 것으로 보았다.} 동에 번쩍 서에 번쩍 하면서 고개를 숙였다가 들었다가 했다. 게으른 소리로 거만한 모습을 짓기도 하고 엎어지는 척하면서 중풍을 맞은 흉내를 내기도 하였다. 몇몇 예쁜 아이가 어른 어깨 위에 똑바로 서서 손을 들어 나풀거리며 춤을 추면서 나아가고 춤을 추면서 물러갔다. 사람들이 담장처럼 둘러서서 구경하면서 모두들 배를 잡고 실성을 하였다."

경남 오광대의 시원 매귀희

노성미 경남대학교 국어교육과 부교수^{문화재청 무형문화재 전문위원}는 〈함안총쇄록〉에 나오는 '매귀희' 부분을 두고 "낙동강 서쪽 통영·고성·사천(가산)·진주·김해·마산 등에 전해지는 오광대들의 시원을 보여주는 중요한 기록"이라 밝혔다.

노 교수는 "'매귀희'를 경상도 지역말로 '매구놀이'라 하는데 시골 탈춤인 이 매구놀이에 도시 탈춤인 산대놀이가 영향을 입히면서 새로 생겨난 놀이가 오광대"라며 "전국을 떠돌며 연행하던 산대놀이 패거리가 밤마리에 와서 노는 것을 보고 매귀희 놀이패가 이를 변형시켜 오광대를 만들었다고 보면 된다"고 덧붙였다.

밤마리는 합천군 덕곡면 율지리 일대를 이른다. 경남 지역 여러 오광대가 여기서 발생했다고 알려져 있다. 낙동강과 회천·덕곡천이 합류하는 밤마리는 옛날 물길을 따라 갖은 물산이 집결하는 교통 요충이었다. 그래서 전국 각지 여러 놀이패들도 여기에서 연행을 많이 하였다. 서울에서 생겨난 '산대놀이'가 여기 밤마리에서 경남 여러 지역에 있던 토착 탈춤놀이를 만나면서 지역 오광대들이 생겨났다는 얘기다. 합천밤마리오광대도 있다. 마산오광대와 마찬가지로 아직 문화재로 지정되지는 않았다. 통영·고성·가산은 국가 무형문화재로, 진주·김해는 경남 무형문화재로 지정되어 있다.

노 교수에 따르면 그렇게 보는 근거는 두 가지다. 첫째는 매귀희가 귀신을 묻고 병마를 물리치도록 비는 내용인데 오광대가 이를 이어받아 종교적인 제의가 많이 들어 있다는 것이다. 둘째는 〈함안총쇄록〉의 매귀희 묘사에 나오는 탈춤놀이 춤사위가 오광대에도 그대로 녹아들어 있다는 사실이다.

3월의 마지막 날 봄을 보내는 낭만적인 전춘

세상에 봄을 맞아 즐기는 꽃놀이는 있는 줄 이미 알았지만 여름을 앞두고 봄을 보내는 아쉬움을 달래는 전춘餞春 풍속이 있는 줄은 까마득하게 몰랐다. 옛날 삶이 특별히 더 낭만적이고 지금 삶이 더 팍팍한 것도 아닐 텐데 도대체 어쩌다 이런 멋진 풍속이 소리도 없이 사라졌을까 싶다. 전춘은 형식이나 내용이 특별하게 정해져 있는 대신 그때그때 사정이나 기분에 맞추어 마음대로 펼치면 되는 음력 3월 마지막 날의 자유로운 세시풍속이었다.

1891년 3월 29일이다. 30일이 없는 음력 3월이었다.

"아침조회를 한 다음 지인과 남성南城에 올라 전춘을 했다."

이날 지은 시에서 한 구절을 가져왔다.

'흩날리는 버들개지는 천 가닥 실로도 지탱 못하고/ 떨어져 내리는 꽃잎은 백만금으로도 멈출 수 없네.'

차수 변경도 가능했다. 이날 오횡묵은 이어서 양사재에 들렀다가 점심 무렵 신교촌 구안일具安逸의 초당에 들어가 따라온 수십 사람과 함께 2차 전춘을 했다. 처음에는 술과 안주가 갖추어지지 않았지만 수리首吏 조기선趙其宣이 집에서 술과 떡을 푸짐하게 차려왔다. 오횡묵은 "처음부터 술을 마시려 한 것은 아니지만 나에게 오늘의 정사는 이것이니 어찌 술을 보내올 사람이 없겠는가?" 하였다.

재인 놀음 보면서도 봄을 보내고

　전문 재인才人들의 재주 놀음은 전춘을 풍성하게 하는 구색 가운데 하나였다. 1890년 3월 30일 오횡묵은 읍성 동문 바깥 지과정 앞 광활한 마당에서 땅재주와 줄타기를 여럿이 함께 즐겼다.

　"재인 의령 박인복(14살)이 재주가 뛰어나다 하여 모인 사람들이 모두 한 번 보기를 원하였다. 기둥을 세우고 줄을 걸었다. 먼저 박인복에게 땅재주를 부리게 하였다. 한 자 남짓 작은 아이가 문득 몸을 뒤집으니 나비가 바람에 날리듯 제비가 오르내리듯 하였다. 동에 번쩍 서에 번쩍 하면서 뒤집어졌다가 엎어지고 하는 모양이 이루 말할 수 없을 정도였다. 재인 진주 서계영(15살)의 재주는 인복과 백중하지만 숙련은 버금이었다.

　또 줄타기索戱를 시켰더니 놀고 걷고 달리는 것이 넘어지고 거꾸러지고 기울어지고 엎어져서 보는 사람을 가슴이 두근거리게 하였다. '공중을 오르고 허공을 밟는다凌空步虛'는 말은 오히려 기이함을 비유하기에 부족하였다. 참으로 나이는 어리지만 으뜸가는 재인들이다."

　오횡묵은 이 재인 둘과 옆에서 장단을 맞춘 창부唱夫 하동 이형진(17)에게 상으로 돈 열 냥을 주었다. 본인뿐 아니라 고을의 여러 백성들도 두루 함께 즐겼기에 이렇게 주어도 전혀 아깝지 않았을 것이다.

　오횡묵에게는 석성石醒이라는 지인이 있었다. 이날 다른 전춘 자리에 가느라 이 놀음을 보지 못했는데 이튿날 돌아와서는 다녀온 자랑을 하였다.

　"시로 이름난 다섯 사람과 정자 주인 예닐곱이 함께 봄을 보내는 시를 짓고는 개를 삶고 잉어로 회를 떠서 실컷 먹으니 기분이 매우 좋았다네."

그러자 오횡묵은 바로 타박을 놓았다.

"전춘시를 짓는 것은 다반사지만 나는 어제 지과정에서 재인들의 놀음으로 봄을 보냈다네."

그러고는 또 시를 지었는데 이런 구절이 눈에 띄었다.

'이처럼 공연히 지는 꽃落花에 이웃이 되었네/ 헤어지는 아쉬움은 방초芳草의 초록을 이기지 못하고.'

저무는 봄을 아쉬워하는 마음이 아무리 태산 같아도 짙어오는 풀잎은 그것을 타고 넘는다는 말이겠다.

8.
함안대군물

군물軍物은 전통시대 군악의장으로 보면 된다. 군물에 대한 기록은 우리나라 어느 지역에서도 여태까지 확인된 적이 없는 것으로 알려져 있다. 그런데 〈함안총쇄록〉에는 진행 순서와 절차, 복장과 양태는 물론 참여 인원까지 기록되어 있었다. 평상시에 보통 규모로 치러지는 '군물'이 한 차례, 특별한 때에 대규모로 펼쳐지는 '대군물'이 두 차례였다.

진을 치고 전투까지 연출하는 대군물

1890년 3월 14일자 〈함안총쇄록〉에는 오횡묵 군수에게 아전들이 대군물에 대하여 "봄·가을 군사 점고 때 거행합니다" 하고 아뢰는 장면이 나온다.

"좌수·별감은 군복軍服을 갖추고 칼을 찹니다. 천총千摠·파총把摠은 갑옷과 투구를 갖춥니다. 중군中軍 이하 장교들은 군복을 갖추고 활과 칼을 찹니다. 제리諸吏 이하는 전복戰服을 입고 창을 듭니다. 나머지 군졸들은 전복을 입고 각각 총·칼·창 등을 듭니다.

천총·파총은 군사를 앞장서 이끌고 나가 지과정 남쪽 마당에서 원진圓陣을 둘러칩니다찰주札住. 중군은 지과정 앞으로 나가 문을 짓습니다작문作門. 사또 행차는 북과 나팔, 총수銃手·집사·통인·하리下吏 수십 명과 큰 깃발이 쌍쌍이 앞에서 인도합니다. 좌수·별감은 말을 타고 배행陪行하며 여러 아전과 관노들은 뒤따라 모십니다.

지과정 앞문을 만든 자리에서 방포삼성放砲三聲으로 문을 연 뒤 청위에서 좌기합니다. 군사 점고하는 일로 호령하면 천총·파총·중군·좌수들이 각각 거느린 군사를 이끌고 달려와 모입니다. 서로 맞서 싸우는 모양으로 4~5합 가량 겨룬 뒤 모두 지과정 앞 원진으로 나아가 대臺 위의 호령을 기다립니다. 진을 파한 뒤에는 좌수 이하가 군례軍禮로 차례로 알현하거나 아침 조회처럼 사사로 알현합니다. 활쏘기 시합 등도 차례대로 거행합니다."

군장을 갖추고 군악을 울리면서 행진을 벌이는가하면 진을 치고 서로 맞서 겨루기도 하는 봄·가을 정례 행사였다. 열병식에 더하여 간단한 군사훈련까지 진행하는 셈이다.

왕비 탄신 대군물은 흥청망청

대군물은 만백성이 기뻐하는 국경일에도 펼쳐졌다. 1892년 9월 25일은 왕비의 탄신일이었다. 다양한 경축행사가 이수정二樹亭에서 사각巳刻부터 치러졌는데 그 마지막을 장식한 것이 바로 대군물이었다.

오횡묵은 먼저 "가벼운 죄수는 풀어주고 삼반관속과 고을 유생과 어린아이들과 지치고 고단한 사람들에게 돈을 베풀었다. 활쏘기와 총쏘기를 한 다음 맞힌 사람은 물론 맞히지 못한 사람에게도 상금을 주었다. '기쁨을 널리 한다'는 뜻을 보이기 위해서였다."

백성들은 대낮부터 흥겨웠다. "날은 길하고 때는 좋아서 사람마다 취하고 배부름이 땅에 그득그득하다. 기뻐하여 부르고 즐거워 뛰노니 참으로 태평세월이고 환하게 빛나는 세상이다."

땅거미薄昏가 지고 대군물이 시작되었다. 행진도 이루어지지 않았고 전투하는 모습도 연출되지 않았다. 모두 마시고 취하여 흥청망청 들떠서 날뛰는 어수선한 분위기였다. 한편으로 아랫사람들은 윗사람에게 평소 불만을 터뜨리는 기회로 삼기도 하였다.

"하던 대로 하려면 마땅히 이수정에서부터 말을 달려야 하지만 길이 좁아 멈추고 지과정에서 거행하라 명령했다. 육인교를 타고 길에 오르니 관속들이 등을 하나씩 들고 깃발 달린 장대를 높이 들어 앞을 열고 뒤에 늘어섰다. 휘영청 밝게 빛나니 밤이 아닌데도 달이 떴고 봄이 아닌데도 꽃이 피었다.

모두 진탕 취하여 대오를 잃고 갈피를 잡지 못할 정도로 뒤섞였다. 집사·병교들에게 묵은 원한이 있는 통인·관노들은 이 때를 틈타 제대로 일을 못했다고 책망하며 기운을 내어 골을 때리고 큰 소리로 위협하였다. 거느리고 이끄는 행렬이 흐트러지고 집사·병교들이 엎어졌다. 감독하고 타일러 차례로 채우고 매워져 행렬이 대오를 이루고 걸음을 재촉하였다. 처음에 비추어 차츰 정리되니 또한 장관이었다."

천총의 몰골은 염라대왕도 웃을 정도

"지과정에 들어와 말타기로 바꾸었고 때맞추어 횃불이 함께 이르니 등불과 좌우에서 서로 뒤섞였다. 우천총 김희열金喜烈이 취하고 혼미하여 말에서 떨어졌는데 크게 다쳤을 것 같았다. 그런데 오히려 다치지 않았다 하고 다시 말을 타고 다니며 '늙어도 정정하다'는 소리를 들으려 애쓰니 또한 취기 탓으로 참으로 웃음거리다.

좌천총 강시호姜時虎는 다행히 떨어지지 않았다. 하지만 또한 늙었기에 말 타고 가는 것이 위태위태한 모양으로 왼쪽으로 쓰러질 듯 오른쪽으로 기울어질 듯 밧줄 끊어진 외로운 돛단배가 바람 부는 물결 위에 있는 것 같았다. 옆에서 끼고 붙들어 주는 도움을 받았지만 또한 모두 취하여 꿈처럼 혼미한 가운데 있었다."

오횡묵은 "염라대왕 같은 엄한 성격도 보고 응당 크게 웃을 것이다"고 했다. 더불어 즐거움과 기쁨도 가득한 하루였다. 이렇게 해서 "관아로 돌아오니 이미 해시亥時였다." 꼬박 12시간 넘게 종일 놀았던 것이다.

©서동진

원님 덕에 나팔 불고

대군물은 이처럼 크고 다채로웠지만 그냥 군물은 규모도 작고 내용도 단순하였다. 1889년 4월 21일 오횡묵 함안군수를 맞이하는 부임 행사를 통해 알 수 있다. 군물은 무진정이 있는 괴항동에서 시작되어 지과정에 들른 다음 남문과 객사를 거쳐 동헌에서 마무리되었다.

"삼반관속이 일제히 공손하게 예를 갖추어 맞이하였고 군물에 이르기까지 일체를 대령하였다. 집사^{執事}라는 사람이 군복을 갖추어 입고 명령을 들었으며 기치와 포군·인리·통인들은 모두 대열을 지어 앞에서 인도하였다."

"…지과정에 올라 잠깐 쉬는데 술과 안주가 올라왔다. 공복^{公服}으로 갈아입은 뒤 나팔을 세 번 부는 군령軍令을 행하고 육인교에 올랐다.
…소위 전배前陪들은 여태까지와 마찬가지로 앞에서 인도하였고 소위
집사들은 걸어서 뒤따르며 영솔하였다. 풍악이 앞서 나아가고 검은
일산은 하늘에 펼쳐졌다. …남문 밖에 서서 잠시 멈추니 문 안에서
방포일성放砲一聲이 났고 이에 들어갔다. 성 위에는 서서 구경하는 남녀
가 빽빽하였다."

민폐가 염려되어 중지했던 대군물

다시 1890년 3월 14일로 돌아가 보자. 아전들이 그처럼 대군물 절
차를 상세히 보고한 까닭은 무엇이었을까? 백성들 사기 진작을 위해
서든 관아 분위기 일신을 위해서든 한 번 해보면 어떻겠느냐 권유하
는 뜻이었을 것이다.

하지만 보고를 받은 오횡묵은 민폐가 생길까봐 걱정되니 하지 말
자는 취지로 에둘러 말했다. 아전들은 관아에서 일하는 사람들로만
하면 되고 또 백성들에게 알릴 필요도 있다면서 한 번 해야 한다고
맞받았다.

오횡묵이 반문했다.

"민폐 때문에 조정에서 군사 점고를 정지한 것은 특히 수십 년이
되었다. 농사에 힘써야 할 때 어찌 한 번 움직임을 관람한다고 대단
한 일이겠느냐?"

아전들의 대답은 이랬다.

"관官=수령이 모아 점고하는 것은 읍의 군정軍政을 크게 하나 되게 하
는 일입니다. 대군물로 좌기해도 관속과 고지기들로만 거행하면 조

금도 민폐가 없을 것입니다. 예전부터 간혹 거행한 것은 이런 법례가 있음을 알리기 위해서입니다."

대군물이 어떤 민폐를 끼쳤고 언제 그만두었는지는 더 이상 설명되어 있지 않다. 그래서 지금 우리가 전후 맥락과 사정을 충분히 알기는 어렵게 되었다.

우스우면서도 눈물겨운 장면들

결국 오횡묵은 대군물을 행하기로 하였다.

"아침조회를 하고 바로 나팔을 세 번 불도록 명령하고 지과정으로 나아갔다."

실제로 펼쳐진 모습은 과연 어떠했을까? 지금부터 〈함안총쇄록〉 속으로 함께 들어가보자.

"천총 이주모李胄模는 나이가 70살 남짓이고 작년 가을 아전에서 물러나 관례대로 천총에 임명된 사람이다. 쇠약한 몸으로 갑옷과 투구를 쓰고 손에 쇠도리깨鐵加鐵柳를 들고 말안장에 앉았다. 몸은 약하고 옷은 무거운데 말까지 달리니 견디지를 못했다. 잘못하면 떨어질 것이고 떨어지면 반드시 죽을 것이다. 거느린 포수들이 불쌍히 여겨 10여 명이 한꺼번에 달려들어 둘러싸고 부축하였다. 달리는 말안장에 기댄 몸은 기울어져 수십 명 포수의 손 위에 의지하게 되었다. 성에 가득한 구경꾼 수천 명이 한꺼번에 크고 작은 고함을 지르며 기이한 모습에 포복절도했다."

"소위 활·칼 등도 모양이 기괴하고 기괴하다. 촉나라 승상(제갈공명)이 농상에서 보리를 벨 때 장식한 신병神兵 일반의 모양 같았다. 나도 종종 크게 웃었고 여러 관속들도 소리 내어 웃었다. 서로 짝이 되어 말하기를 '아무개 아무개가 입은 군복과 전복은 모두 이웃과 인척에게 빌렸고 이마저도 못 구한 사람은 여편네 치마폭을 찢어 썼다'고 하였다. 군졸들의 갖추는 것이 이처럼 구차하다고 다들 말했다. 저마다 진陣이 아닐 때는 스스로 견딜 만하지만 무리지어 모인 것을 보면 마치 도깨비 아니면 허수아비 같다고 한다."

그 모습을 지켜본 오횡묵은 "무슨 일이 생기더라도 저들을 어디에 쓰겠는가? 하지만 그 사정도 딱하다"면서 탄식했다. 일제에 망하기 직전 조선의 실체가 이랬고 조선의 역량이 이런 정도였다.

마지막에는 참여 인원이 몇몇인지를 적어놓았다. "진을 파하고 좌기취坐起吹를 한 다음 군례軍禮 등은 전례대로 거행하였다. …삼반관속 197명은 1인당 1전5푼씩 따로 나누어 주고 파좌취罷座吹를 하였다." '좌기'와 '파좌'는 업무의 시작과 마침이고 '취'는 나팔을 부는 것이다.

함안대군물의 출현을 기다리며

(대)군물은 1896년 이후 광무개혁으로 서양식 군대 제도를 들여오면서 사라졌다. 문화재청에 따르면 군물 또는 대군물과 관련하여 지정되어 있는 무형문화재는 하나도 없다. 합천군 초계면 대평마을에서 문화재 지정이 되지 않은 상태로 전승되는 대평군물이 유일하다. 임진왜란 당시 의병들의 군사행동과 관련되어 있고 군물보다는 농악에 가깝다는 특징이 있다.

노성미 경남대 국어교육과 부교수문화재청 무형문화재 전문위원는 "대군물의 전체 과정과 실제 연행에 대해 〈함안총쇄록〉이 알차게 기록하고 있다"며 "이를 바탕으로 기예와 문헌에서 전문가 도움을 받으면 충분히 재현할 수 있고 나아가 무형문화재로 지정될 가능성도 작지 않다"고 밝혔다.

노 교수는 또 "현실적으로도 대군물을 재구성하여 활용할 필요가 있다"며 "이를테면 사월초파일 무진정 낙화놀이에서 대군물을 연행하면 둘 다를 더욱 빛나고 풍요롭게 할 수 있다"고 덧붙였다. 자치단체와 지역 주민들의 관심과 의지가 뒷받침된다면 〈함안총쇄록〉에서 글자로만 남아 있는 대군물이 '함안대군물'로 되살아날 방도가 있다는 전문가의 진단이다.

9.
자이선·연처초연,
되살려 내고픈 그때 그 명승지

지금 함안읍성은 어디서나 볼 수 있는 평범한 시골 풍경이지만 130년 전에는 빼어난 명승이 있었다. 자이선^{自怡墡}이다. 얼마나 멋진 곳이었을까? 〈함안총쇄록〉을 따라가보면 그럴 듯한 당시 모습을 생생하게 그릴 수 있다.

갈라터진 돌등에 새겨진 전임 군수의 행적

자이선은 동헌이 등지고 있는 자리였다. 지금 함안초교와 함성중학교가 만나는 경계의 뒤편에 해당된다. 오횡묵은 1890년 6월 23일 처음 관심을 보였다.

"비봉산 앞면을 보니 돌등 가운데가 갈라터져 횅뎅그렁하게 파인 것이 일부러 쪼개 깨뜨린 것 같았다." 통인들의 대답은 엉뚱했다. "쪼개지기 전에는 부유한 아전들이 많았는데 쪼개진 뒤에는 50석 이상 하는 아전이 없습니다. 민속도 경박해졌고 읍도 많이 피폐해졌습니다."

정작 알아봤더니 '신령에게 기도하는 자리기령지지祈靈之地'1891. 4. 26였다. "질병이 있으면 소생을 구하고 액난이 있으면 복을 비는, 영험을 기대하면 반드시 은혜로 갚는"1892. 7. 26 장소였던 것이다.

관심은 관찰로 연결되었다. 바위에서 글자가 여럿 눈에 띄었다. 예사롭지 않은 역사를 간직한 각자刻字였다. 1890년 7월 19일자 〈함안총쇄록〉에 오횡묵 이전에 여기에 경관을 꾸몄던 주인공이 이 각자에서 등장한다.

"새겨진 것이 있는데 '군수연안이진수임술작대조정자연우서郡守延安李晋秀壬戌作臺造亭子淵愚書'였다." '연안 이씨 진수 군수가 임술년에 누대를 짓고 정자를 만들었으며 그 아들 연우가 썼다.'

오횡묵이 부임 이튿날 읽은 〈군지〉에서 이진수는 신유년1801에 군수로 와서 3년 뒤 세상을 떠난 인물이다. 또 임술년은 신유년 다음이니 1802년에 작대조정한 셈이 된다. 오횡묵보다 90년 앞선 시점에 이미 이곳 풍경의 독특함을 알아보았던 것이다.

오횡묵의 관찰은 이어졌다.

"대정臺亭에도 각자가 있었다. '적서암積書巖 군옥봉羣玉峯 기여跂余 관폭觀瀑'이었다."

보통 '대정'이라 하면 누대와 정자를 뜻하지만 여기서는 아니다. 널찍한 암반 위에 포개져 있는 바위의 모습을 이렇게 표현했다.

또 적서암은 '책을 쌓은 듯한 바위'이고 군옥봉은 '옥구슬이 무리를 이룬 봉우리'다. 두류문화연구원 최헌섭 원장은 "이곳 경관의 특징에 대한 당시 사람들의 인식을 잘 나타내고 있다"며 "군옥봉은 붉은색과 푸른색이 뒤섞인 바위 색깔을 옥구슬에 견주었고, 적서암은 퇴적암이 켜켜이 갈라진 모양을 쌓은 책에 비유했다"고 말했다.

관폭은 '폭포를 바라본다'는 뜻이며 기여는 '무엇을 보려고 까치발

옛날 자이선이 있던 함안초교와 함성중학교 경계 뒤편. 지금은 이처럼 수풀이 우거지고 안에
들어가 보면 흙더미까지 쌓여 있어 옛 모습을 확인하기 어렵다.

왼쪽 위부터 시계 방향으로 적서암, 군옥봉, 관폭, 기여.

을 드는 모습'이다. 깎아지른 바위가 층층이 쌓여 있으면 평소에는 메말랐어도 장마가 지면 사정이 달라진다.

"여름철 소나기가 세찬 폭포를 만드니/ 구슬이 튀고 옥이 뿜어지는 은하수로다."1891. 4. 20

다른 글자는 반듯하지만 '관폭'은 비스듬히 기울어져 있다. 물줄기가 떨어져 내리는 역동성을 나타내기 위해서였지 싶다. 기여는 폭포를 보려고 상체를 기울이며 발돋움을 한 모습으로 자연스레 이해가 된다.

풍경이 그럴 듯하고 바위가 독특한데도 함안 사람들은 까마득히 모르고 있었다. 오횡묵조차 늘 머물던 동헌에서 활 한 바탕 거리밖에 안 되는데도 알아보기까지는 부임 이후 1년 2개월이 걸렸다.

황폐해진 경관을 새로 단장하다

새 단장까지는 8개월을 더 기다려야 했다. 오횡묵은 1891년 4월 10일 "관아 여러 고지기를 시켜 개척하고 수축하는 일을 시작하였다.…모두 새롭게 정리를 하였다. 오솔길에 줄줄이 떼를 입히고 차례차례 대나무와 오동나무를 심어 훌륭한 경지를 뚜렷이 이루었다." 앞선 명칭인 '은선대隱仙臺' 대신 남쪽은 자이선自怡坪, 북쪽은 연처초연燕處超然이라고 새 이름도 붙였다.

이틀 뒤에는 좀더 자세하게 보충하는 기록을 남겼다.

"무너지고 떨어진 것은 깎아내고, 썩고 더러운 것은 쓸어내고, 깨끗한 흙으로 표면을 고르고, 네모난 돌로 가장자리를 채우고, 떼를 베어와 입히고 대나무를 옮겨 심었다.”

경관 조성은 이후로도 간간이 이어졌다. 1892년 2월 1일 오횡묵은 “오늘은 풍신風神에게 기도하는 날이고 또 나무를 심으면 아주 좋다고 한다. 오동나무와 백일홍을 많이 가져와 심도록 명령하고 감독하였다.”

새로 지은 두 이름은 무슨 뜻일까? 먼저 연천초연은 장자의 〈도덕경〉에 나오는데 세상사에 매이지 않고 한가로이 지낸다는 뜻이다. 자이는 도홍경432~536의 한시에 나온다선墠은 제사터.

'산중에 무엇이 있느냐구요?/ 산마루에 흰 구름이 많이 있지요/ 스스로自 즐기며怡 기뻐할 뿐/ 그대께 갖다 드릴 순 없사옵니다'.

높고 또 넓게 켜켜이 쌓인 바위

1891년 4월 10일 기록을 통해 풍광을 감상해보자.

“돌덩이는 위로 겹겹이 쌓여 책을 쌓아놓은 듯한 모양이다. 바탕색은 울긋불긋하였고 꼭대기는 반듯하고 네모났다. 바위 하나의 높이는 몸을 기울여 쳐들거나 숙일 수 있고 넓이는 다리를 쭉 뻗고 앉을 수 있다. 이런 바위들이 마주보거나 옆으로 늘어서 있거나 하여 마치 크고 작은 병풍을 늘어놓은 것 같다. 길게 이어지니 8~9폭이 되고 길이는 서른 걸음 남짓이다.

팥배나무가 둘레에 빙 둘러 있고 위에는 아름다운 꽃들이 무리를 지었다. 담쟁이덩굴·버들과 느티나무 같은 것들이 넝쿨이 지거나 가지를 늘어뜨려 바람에 하늘거렸다. 해를 가리는 우거진 숲, 돌의 기운

자이선. 독특한 바위가 겹겹이 쌓여 책을 쌓아놓은 듯한 모양이다.

과 숲의 향기, 새소리와 바람소리가 손에 잡힐 듯 즐겁게 들려왔다."

4월 12일에도 찾았다.

"바위면은 날카로운 도끼로 쪼개놓은 듯한데 판자문이 마주 서 있는 것처럼 보인다. 왼쪽은 굽고 오른쪽은 돌아서 그윽하고 깊숙하다. …바위의 형세는 층루가 솟아오르고 비단병풍을 옆으로 펼쳐놓은 듯하다. 위는 넓고 아래는 평평하게 해서 높다랗게 솟아 있다."

"미풍이 이르러 담쟁이덩굴이 흔들리고 붉은 기운을 이끌고 해가 솟아 종려나무 사이에 어른거리니 붉은 절벽과 푸른 벽이 손으로 가리키고 눈으로 돌아보는 사이에 다투듯 모습을 드러내어 아름다운 향기와 그윽한 시운이 심안心眼 사이에 녹아 모여들었다."

함께 어울리는 열린 광장

오횡묵은 여기를 모든 고을 사람들이 함께 즐길 수 있도록 하였다. 4월 26일 돼지를 잡고 술과 과일을 베풀고 노래꾼을 불러 놀면서 말했다.

"자이선이라 이름을 붙인 것은 사람들이 저마다 스스로自 즐기자恰는 뜻이다.…내 어찌 혼자 마음대로 할 수 있겠느냐?"

젊고 어린 친구들이 북을 치며 노래를 부르고 함께 모여 춤추는 공간이 되었으며 때로는 전문 예인을 불러 공연을 마련하고 뒤풀이까지 즐기는 무대가 되었다. 공부하는 아이들은 이를 갖고 시 짓기 내기도 했다. 요즘으로 치면 다함께 모여 즐기는 문화광장 같은 곳이었다.

"노는 젊은이들과 어린아이들이 화고畵鼓를 갖고 노래를 서로 주고받으며 팔을 맞잡고 발을 굴렸다連臂蹴踏. 흥이 도도하였는데 모인 사람은 수삼백이 되었다고 한다.…달빛이 정말 아름다운 가운데 함께 노래하는 그 소리도 뚜렷하게 들을 수 있었다."1891. 4. 20

"노는 젊은이들이 광대를 거느리고 와서 노는 자리를 베풀었는데 300명 남짓이 모였다. 처음에 춘향가로 시작했다가 노래가 끝나니 또 잡가로 놀았다. 술이 다하고 해가 기울자 노래하는 사람 춤추는 사람이 질탕하고 낭자하게 어우러졌다.…동문 안 서재에서는 편을 나누어 시 짓기로 기예를 다투었는데 나에게…제목을 요청하기에 '자이선'으로 삼았다."1891. 4. 25

자이선의 숨은 흔적을 찾아서

이지러진 달처럼 희미해진 자이선의 자취를 찾아나섰다. 옛 사람의 흔적은 쉽게 전모를 보여주지 않았다. 다섯 번 걸음 끝에야 나름 찾아낼 수 있었다.

첫 걸음에서는 이진수가 쓴 '기여跂余·관폭觀瀑'과 오횡묵이 새긴 '지군채인知郡庶人·자이선自怡垾'을 찾았다. 지군은 군수를 일컫는 다른 표현이고 채인은 오횡묵이 고종 임금에게서 하사받은 별호였다.

오횡묵이 바위에 글자를 새기는 심정은 어떠했을까? 이진수 부자가 새긴 글자를 보고 자기도 각자를 하고 싶어졌다. 1891년 4월 12일 읊은 한시에 나온다.

> "먹으로 바위에 쓴 흔적이 지금 오래 되었으니/ 나 또한 그 대처럼 후대에 증거를 남겼으면."

15일에는 "바위에 이끼는 옛 전서에 깊이 끼었네"라 읊었다. 그러면서도 자신이 글자를 새겨 넣어도 마찬가지 운명이 되리라고 여기지는 않았나 보다. 바로 사흘 뒤 "자이선과 연처초연 새기는 일을 시작"했고 다시 이틀 뒤 "자이선 새기기를 마치고 붉은색을 칠했다." 20일 한시에서는 석수가 다섯이었음을 밝히며 "가을 뱀과 봄 지렁이처럼 주홍색이 뚜렷하네"라 했다.

두 번째에는 군옥봉羣玉峰과 적서암積書巖을 확인하였다. 자이선 등이 적혀 있는 데서 오른쪽으로 올라가는 언덕배기 바위에 이진수가 차례로 새긴 것이었다. 흙더미에 절반가량 파묻혀 있었는데 글자 하나의 가로세로 크기가 30~50cm씩 되었다.

'지군채인 자이선'은 가장 잘 보이는 한가운데 자리에 있다.

세 번째는 '군수 연안 이진수' 등등을 찾았다. 적서암에서 오른편으로 20m 가량 위쪽 암벽이었다. 세로로 넉 자씩 일곱 줄이 새겨져 있었다.

"군수연안/이진수세/임술작대/조정자연/우서대/정//호^{郡守延安/李晉秀歲/壬戌}作臺/造亭子淵/愚書臺/亭//號."

여덟째 '세'와 마지막 '대정호^{대정의 이름}'는 이끼에 가려졌거나 해서 오횡묵이 발견하지 못한 글자였다.

심복이 새긴 일곱 글자도

네 번째는 생각지도 못했던 글자를 찾을 수 있었다. '군수 연안 이진수' 각자에서 오른쪽으로 10m 정도 떨어진 바위에 '유치영과차경인^{柳致永過此京人}'이 있었다. '서울사람'을 뜻하는 '경인'은 왼쪽 끝에 세로로, '유치영이 여기를 지나갔다'는 '유치영 과차'는 가로로 새겨져 있었다.

바위에 새겨 있는 '군수연안이진수세임술작대조정자연우서대정호'.

유치영은 오횡묵의 심복 가운데 한 명이었다. 민간인 신분으로 함안군수로 부임하여 고성군수로 떠날 때까지 그림자처럼 따라다니며 보좌했다. 부임 전날 창녕에서 묵을 때 입맛이 까칠해진 오횡묵을 위하여 "크기가 한 자씩 되는 잉어 한 마리와 붕어 세 마리를 사와서 받들어 올렸다." 군수 대신 농사일을 권장하는 업무도 수행하였다. 오횡묵은 1890년 5월 24일 "상리면 강지·장명마을 등지에는 몸소 갈 겨를이 없어 치영에게 대신 담배 한 움큼 반과 바늘 두 봉지 돈 여덟 전 네 푼으로 권농을 하도록 명령했다."

서예를 잘 모르는 사람이 보아도 좋은 필체는 아니었다. 글씨는 삐뚤삐뚤했고 크기는 10cm 정도로 조그마했으며 굵기 또한 가늘었다. 혹시 자기가 모시는 군수 몰래 새겼기 때문이 아닐까 싶은 생각이 살짝 들었을 정도다.

아직 못 찾은 글자들

다섯 번째는 전체적으로 한 번 더 훑었다. 아직 찾지 못한 글자 때문이었다. 1891년 4월 12일자 〈함안총쇄록〉에 나오는 각자 은선대와 18일 새기기 시작한 글자 연처초연이 그것이다. 1891년 12월 5일 오횡묵이 "석면에 있는 시는 과거 사람들이 지은 것"이라 한 대목도 해당된다.

더 이상 찾을 수 있는 각자는 없었다. 만약 떨어져 나가지 않고 남아 있다면 적서암과 '군수 연안 이진수' 사이 바위일 것 같았다. 벽면이 널찍하게 펼쳐진 바위가 수직으로 내려서는 부분을 100년 넘게 흘러내린 흙더미가 수북하게 가리고 있기 때문이다.

사람이 만든 명승 자이선

하늘이 낸 명승지는 가꾸지 않아도 저절로 나타난다. 그런데 자이선은 하늘이 아닌 사람이 만들어낸 명승이었다. 1802년에 먼저 이진수가 작대조정作臺造亭을 하였고 1891년에는 오횡묵이 기정起亭을 하였다. 주변 일대를 가꾸고 다듬어 고을 사람 누구나 와서 즐길 수 있는 장소로 만들었다.

지금은 수풀이 우거져 옛날 모습을 떠올리기 어렵다. 하지만 130년 전 오횡묵과 같은 안목으로 '깎아내고 쓸어내고 고르고 채우고 입히면' 새로운 명승지로 거듭나지 않을까! 〈함안총쇄록〉이 전해주는 이런 내력을 알리고 관과 민이 더불어 활용한다면 손쉽게 옛날 모습을 되찾을 수 있지 싶다. 밋밋하던 함안읍성도 훌륭한 경관을 하나 보유할 수 있게 된 셈이다.

10.
입곡 숲안마을
연계 골짜기

옥사를 피하여 입곡마을로

함안에서 오횡묵과 가장 인연이 깊은 동네는 산인면 입곡리 숲안 마을이다. 계기는 살인사건이었다. 오횡묵은 여기서 열흘 넘게 묵으며 당시로는 보기 드물게 주민들과 인연도 쌓았다. 골짜기에는 오횡묵의 글씨도 새겨져 있다.

살인사건 같은 중대 범죄를 당시는 옥사獄事라 했다. 옥사가 나면 먼저 초검初檢을 하고 뒤이어 복검覆檢을 했다. 초검 수사는 해당 고을의 수령이 하고 복검은 제3자인 이웃 고을 수령이 초검이 맞는지 검증하는 절차였다.

과학기술이 발전한 지금도 시신을 살피는 일은 고역인데 옛날에는 두말할 필요도 없었다. 십중팔구 몽둥이에 맞거나 칼에 찔려 죽었으니 보는 것만으로도 끔찍했을 것이다. 더욱이 초검 뒤에 하는 복검은 시신이 부패하여 악취가 코를 찌르게 마련이었다. 복검관은 낯선 고을에 갔어도 아무나 만날 수 없는 등 법률상 제약까지 까다로웠다. 사정이 이렇다보니 옥사가 터지면 이웃 고을 수령들은 달아나 숨기 바빴다.

오횡묵도 바로 옆 의령에서 옥사가 터지자 곧바로 숨었다. 1890년 4월 18일 밀양을 출발해 해질 무렵 입곡 동구에 이르렀을 때였다. 관아가 10리만 가면 되는데 아전이 보낸 전인傳人이 와서 아뢰었다.

"오늘 저녁에 동래수사 이재호가 군에 들어와 이청吏廳에서 묵습니다. 또 의령 옥사로 복검관 일이 있으니 관아로 돌아오지 마십시오."

동래수사는 경상좌수사로 군수보다 상급이다. 옥사도 옥사지만 상관 접대까지 번거로우니 바깥에서 며칠 지내시라는 얘기였다.

대접이 좋았어도 마음은 불편하고

오횡묵은 곧바로 남서쪽 관아 가는 길을 버리고 정남쪽 골짜기를 거슬러 올라 숲안 마을에 들었다.

"진사 조병규趙昺奎의 집에 가서 잤다. 그 숙부 구암懼庵 조성충趙性忠이 여러 자질들과 더불어 와서 보았다. …젊은이들을 보니 모두 훌륭하고 오묘하여 유가에 걸맞은 의표가 있었다. 또 접대하는 범절이 지극하니 내가 태수이기 때문만은 아닌 것 같았다."

대접이 극진해도 편하지는 않았다.

"사람을 많이 거느리고 폐를 끼치니 마음이 매우 불안했으나 형세가 어쩔 수 없었다. 나는 본래 생소한 곳에 몸을 붙여 자지를 못한다. 까닭 없이 남의 집에 누를 끼치기 싫기 때문이다."

이튿날도 사정은 달라지지 않았다. 아침나절에 찾아온 수형리 구시

권의 보고는 이랬다.

"여러 고을 수령들이 모두 자리를 피하는 바람에 아직 복검관이 청해 들여지지 못했습니다. 또 '옥사는 의문스러운 곡절이 많고 단서를 조사하기 어렵다'고 합니다. 삼가 피하지 않을 수 없습니다. 이미 행차가 바깥에 계시니 자취를 감추고 자리를 피하여 일이 안정되기를 기다렸다가 돌아오시는 것이 낫겠습니다."

청희당에 머물다 옮겨간 모희재

이튿날에는 조성충의 집으로 옮겼다.

"청희당淸義堂 편액이 달려 있고 소기小記도 있었다." "집이 무릇 서까래가 여럿 되고 소박하면서도 누추하지 않으니 놀 수 있고, 쉴 수 있고, 읊을 수 있고, 바람 쐴 수 있어 공영휘에게 아주 마땅하다."

청희당은 집주인의 선조 영휘永輝의 당호였다.

청희당도 안전한 거처는 아니었다. 조성충이 마을 한가운데 있어서 눈에 띄기 쉽다며 더 깊숙한 재실로 옮기자고 권했다.

"선대 재실이 맑고 한가로우며 고요하고 한쪽 구석에 있어서 절대 오는 사람이 없습니다. 또 방구들과 마루는 충분히 앉고 누울 수 있습니다."

20일 그리로 옮겼다.

"모희재慕義齋라 편액되어 있고 칸이 무릇 여섯인데 방과 청이 셋씩이다. 곳간과 살림집이 하나씩 있고 다른 것은 없다. 배산임수 지형에 큰 나무가 두루 둘러 있고 뜰 앞에는 한 그루 오동나무가 있다."

오횡묵은 여기 기문도 기록으로 남겼다.

청희당(위)과 모희재. 오횡묵은 마을 한가운데 있는 청희당에 머물다가 눈에 띌까봐 더 깊숙한
모희재로 옮겨갔다.

"청희당 조공 영휘가 여기 살다가 세상을 떠나니 장지를 산기슭에 마련하였다. 현손 성각性覺이 작은 집을 아래에 짓고 모희라 편액했다."

성각은 성충의 친형이고 병규의 부친이다.

바위에 새긴 연계 두 글자

오횡묵이 거처를 한 번 더 옮기지 않았다면 여기 바위에 글자를 새기는 일도 없었을 것이다.

"흐르는 물을 끼고 한 마장을 오르니 …좀더 나가니 연계硯溪라는 데가 있는데 바닥이 비탈지고 물소리가 졸졸거렸다. 주인이 내게 '연계' 두 글자를 새길 수 있도록 써 달라고 하였다."

"한강 선생이 일찍이 이 군에 군수를 하면서 경내에 각자를 많이 남기셨는데 지금 이 또한 같은 뜻입니다." "감히 그에 견주어 말할 것은 아니지만 팔힘을 시험하여 명승지에 자취를 올리도록 해보겠습니다."

떠난 뒤에 기억하는 단초로 삼으려고 자연에 글자를 남기는 일이 옛날에는 흔했던 모양이다.

바위에 글자가 새겨진 것을 보러 나선 때는 2019년 7월 2일이다.

"앞서 '연계硯溪' 두 글자를 써서 조성충의 집에 보냈더니 '상류 시냇가의 바위면에 이제 다 새겼다'면서 한 번 와서 보기를 청하여 걸음하게 되었다. 새로 새긴 데에 붉은 물감을 메워서 완연宛然한 것이 사랑스러웠다. 곁에는 '여음동천廬陰洞天' 넉 자를 새겼는데 조 씨가 스스로 쓴 것이다."

여음동천은 광려산廬북쪽陰 골짜기洞天라는 뜻이다.

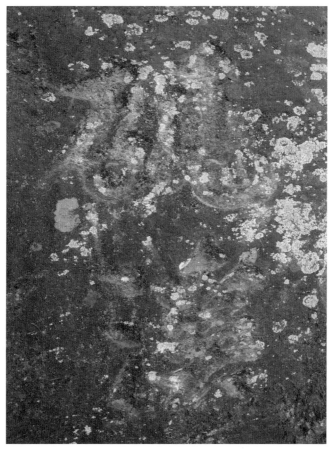

바위에 '연계硯溪'라고 새겨져 있다.

세상 넘기 어려웠던 보릿고개

오횡묵은 숲안마을에서 많은 일을 겪었다. 관아에 있었으면 듣고 보고 느낄 수 없었던 일들이 많이 일어났다. 그 첫머리에 오횡묵이 직접 목격한 농가의 모습과 민간의 질고疾苦가 있었다.

"몇 년 전부터 몸이 관아에 거처하면서 마을과 떨어져 있게 되었다. 매번 춘궁기窮節窮節마다 백성들이 먹고살기 어려움을 걱정하지만 그래도 현장에서 목도한 것은 아니었다. 그러니 요즘 백성들 사정이 허둥지둥 급하게 양식 꾸러 다니는 줄을 어찌 알았으리요."

보릿고개麥嶺麥嶺를 주제로 시를 지어 안타까움을 풀기도 하였다.

"이 고개는 다른 고개와 달라서/ 오를 때면 낯빛이 바뀌고/ …팔다리가 절로 게을러진다네.//뒤주 속 곡식은 봄이 되기 전에 다했고/ …불 때는 아낙에게 말을 걸었더니/ 고개 넘기가 한 마디도 어렵다네."

평범한 백성과 아름다운 인연도

일반 백성과 진심을 주고받는 아름다운 사연도 꽃피웠다.

"재실 앞 살림집 주인은 주인옹의 종숙從叔 조순식趙順植이다. 영계 한 마리 담배 약간 복분자 한 사발을 어린아이를 시켜 보내며 말하였다. '비록 작고 모자라지만 한가한 가운데 드시라고 올립니다.' 대개 구석진 데 외롭게 살면 가난하고 구차함을 알 수 있는데도 이렇게 인사를 닦는다."1890. 4. 21

23일에는 조순식이 오횡묵 앞에 나타났다.

"쑥대머리에 맨발로 이마에는 갈대삿갓을 쓰고 앞에서 절을 했다. 또 영계 한 마리 담배 한 움큼 복분자 한 사발을 꿇어앉아 올렸다. '앞집에 사는 조가입니다. 어제 저물어 돌아오는 중에 행차가 친히 문밖에 이르러 …했다고 들었습니다. 깊은 산골 백성이 높은 분이 방문하는 은택을 입었습니다. 감동스럽고 죄송스러워 감히 와서 사례합니다. 가난하여 의관도 없어 본래 모양을 무릅쓰고 그대로 올립니다.'"

오횡묵은 감동하였다고 한 번 더 일러주면서 가져온 음식은 사양하였다.

"일전에 세 가지를 보낸 바는 쉽지 않은 일이라 매우 감동하였다. 마주하여 사례하려고 어제 갔으나 농사 때라 일이 많아 만나지 못했다. 어찌 바쁜데도 굳이 겨를을 내어 좋은 음식을 또 바치는가? 고마운 뜻에 모두 물리지는 못하고 복분자는 받지만 닭과 담배는 돌아가 농군들 먹이는 데 베푸시라."

이밖에도 70명이 한꺼번에 모내기하는 장면도 구경하고 서재 시편 평가를 해주고 선생 대접을 받기도 했다. 그러다 초계 원님이 의령 옥사 복검관을 맡으면서 25일 돌아왔다. 그리고 이런 인연 때문에 5월 24일 마을을 다시 찾았다.

"며칠 잇달아 머문 적이 있기에 몸소 한 번 둘러보지 않을 수 없다. 권농을 할 겸 …담배 다섯 움큼 반 바늘 다섯 봉지 돈 한 냥 아홉 전 일 푼을 나누어 주었다."

오탁수로 질병을 다스리고

오횡묵과 숲안마을의 인연은 이것으로 끝나지 않았다. 1892년 6월 9일 옥사가 진주·의령·고성·칠원 네 곳에서 한꺼번에 터졌다. 오횡묵은 광려산 백련사白蓮社:지금 광산사로 숨었다가 14일 거처를 옮겼는데 바로 모희재였다. 이 때 오횡묵은 몸이 습하여 여름을 맞아 여러 고질을 앓고 있었다. 천만 뜻밖에 이튿날 조성충에게서 가까이에 약수가 있다는 얘기를 듣게 된다.

"소 울음이 들릴 만한 곳에 오탁수嗚啄水가 있습니다. 백련사터 석벽 사이에서 나옵니다. 아이들의 복학=자라배과 눈병에 신기한 효험이 있고 일흔 노인이 한 달만에 아이를 생산할 수 있었던 여러 증험이 있습니다."

오횡묵이 듣고 "마시니 과연 체한 기운이 문득 내려가는지라 신기하게 여겼다." 조성충은 이처럼 '까마귀가 돌을 쪼아 뚫어 만든 우물오탁석정천성鳥啄石井穿成'에서 오횡묵을 위하여 떠나는 19일까지 날마다 물을 길어왔다.

산천은 간 곳 없고 건물은 그대로

숲안마을을 찾았더니 건물은 옛 모습 그대로인 반면 자연 경관은 바뀌어 있었다. 오횡묵이 모희재에서 둘러본 경관은 "아래로 무논이 사다리꼴로 층층이 되어 있고 활 한 바탕 거리까지 시냇가가 모두 광활하고 기름졌"1890. 4. 20는데 그 자리에는 저수지가 들어서 있었다.

제방 옆 길가 암반에 내력을 알려주는 빗돌이 하나 서 있다. 전면

전 면장 심상련 기념비.

에 '전 면장 심상련 기념비前面長 沈相鍊 記念碑'라 가운데 크게 적혔고 좌우로 각각 작은 크기로 열여섯 글자가 적혔다. 골짜기를 못으로 만들고인곡위지因谷爲池 이 동네가 복을 받아차방복성此坊福星 마을에 인구가 늘어여리증호閭里增戶 못 위쪽에 비석을 세웠다비우지상碑于池上. 옆면을 보니 소화昭和 19년1944 1월 세웠는데 조열제가 짓고 이호준이 썼다고 되어 있다. 심상련이 면장을 지내며 저수지를 만들었고 면장을 그만둔 뒤 마을 주민들이 빗돌을 세운 것이다.

이래서 처음에는 '연계硯溪'와 '여음동천廬陰洞天' 글자가 옛날 조성충과 오횡묵이 보았던 다른 멋진 풍경들과 함께 물에 잠기지 않았을까 걱정을 했다. 하지만 숲안마을 이장 조병옥 씨(52)가 그렇지 않다고 일러주었다.

"선대가 바위에 각자를 남겼다는 말씀을 듣고 몇 년 전에 찾아놓았다."

각자는 저수지 50미터 정도 아래 널찍한 바위벽에 있었다. 지금은 옛날과 달리 숲이 우거지고 그늘도 들어 어둡고 물기가 많아 뚜렷하게 보이지는 않았다. 왼쪽 가슴께에 세로 52센티미터 정도 '연계'와 그 오른쪽으로 세로 20센티미터 안팎 '여음동천'이 새겨져 있었다.

조 이장과 함께 건물도 둘러보았다. 마을 들머리 청희당은 정문이 소오문嘯傲門인데 정면 세 칸 측면 두 칸 모두 여섯 칸으로 목재가 야무지고 관리도 잘 되고 있었다. 그때 오횡묵이 읽은 소기도 있었는데 청희당기淸羲堂記였다. 〈함안총쇄록〉에는 글쓴이가 '동곽 이우육東郭 李宇銷'인데 청희당기에는 '진사 재령進士 載寧 이우육'인 것이 달랐다.

모희재는 저수지 왼쪽 언덕에 있고 오횡묵이 적은대로 여섯 칸 크기였다(정면 세 칸 측면 두 칸). 둘러싼 나무들은 보이지 않고 마당에는 오동나무 대신 오래 된 감나무가 한 그루 있었다. 조 이장은 "옛날에는 집안 서재로 썼는데 지금은 마을에서 멀어서 재실 기능을

일산정.

접었다"고 했다. 여기 달려 있던 모희재와 성추헌^{省楸軒} 현판은 청희당으로 옮겨졌다.

'조병규의 집'은 청희당 뒤로 조금 떨어져 있는데 옛날 모습은 잃었다. 일산정^{一山亭}은 조병규^{1846~1931}가 집 근처에 1924년 지은 강학 공간이다. 최석기 경상대 한문학 교수는 논문 '일산 조병규의 학문과 문학'에서 "함안 대표 학자로 유생들을 규합하여 강학활동을 활발하게 전개하면서 무너져가는 도를 부지하려고 혼신의 노력을 하였다"고 하였다. 정면 네 칸 측면 두 칸으로 마당에 연못과 배롱나무·은행나무가 인상적이었다.

오탁수 자리도 확인되고

청희당은 지금 그대로 괜찮아 보였고 일산정은 경관이 가장 좋지만 보살핌이 필요해 보였다. 모희재는 옛 모습을 되살리면 좋겠는데 지금 콘크리트길 말고 왼쪽 개울을 건너 옛길을 찾으면 근처 빗돌까지 구실을 할 수 있겠다 싶었다. 연계와 여음동천 각자는 길이 없어 찾아 들어가기 어려웠는데 제방 근처에 안내판을 하나 세우고 통로도 하나 내면 좋겠다 싶다.

오횡묵이 마신 오탁수도 위치가 확인되었다. 저수지 못 미쳐 오른쪽으로 불당골 골짜기가 있는데 거기 샘물로 씻으면 피부병이 낫는다는 얘기를 마을 사람들이 기억하고 있었다. 조 이장은 "지금은 찾는 사람이 없지만 19년 전에 가서 물을 길어온 적이 있다"고 했다.

11.
낙화놀이

함안에는 무형문화재가 셋 있다. 화천농악^{化川農樂}·낙화^{落火}놀이·함안농요^{咸安農謠}가 그것이다. 이 가운데 〈함안총쇄록〉에 모습이 기록되어 있는 것은 낙화놀이 하나다.

낙화놀이라 하면 하늘에서 불꽃이 뻥뻥 터지는 요즘 흔히 볼 수 있는 그런 모습을 먼저 떠올리는 사람도 적지 않을 것이다. 하지만 함안낙화놀이는 차분하면서도 화려한 경관을 연출한다. 130년 전으로 거슬러가면 함안낙화놀이는 어떤 모습이었을까? 지금의 모습과 어떤 차이가 있는지 〈함안총쇄록〉 속으로 들어가 그 원형을 살펴보는 것도 재미있을 것 같다.

성 위에 오르지 못한 첫 번째 사월초파일

오횡묵은 1889년 4월 21일부터 1893년 2월 26일까지 3년 10개월

함안 무진정에 낙화놀이를 구경하려고 모인 시민들.

함안군수로 있으면서 부처님 오신 날 사월초파일을 세 차례 맞았다. 첫 번째가 1890년 4월 8일로 일반 백성들과 뒤섞여 불놀이를 구경하였다.

"성중의 인가에 등불^{등촉}을 매단^{현등} 집이 열에 일고여덟은 되었다. 여러 손님들과 통인·관노들과 함께 뒷문으로 걸어 나와 성의 서남 모퉁이에 이르렀다. 남루에 오르고 싶어서 누각 가까이에서 살펴보니 성중에 노는 무리^{유배유배}들이 먼저 올라가 차지하고 있었다. 그 사람들을 어지럽히고 싶지 않아 가만히 성의 구석진 곳으로 갔다. 두루 등불 모양^{등양등양}을 살펴보니 시렁^{붕가}이 높거나 낮았고 롱^롱은 크거나 작았다. 낙화^{낙화}하는 경색은 자못 먼^{하괴} 시골^{향향}에서 의외^{의외}였다."

오늘날 절간에 가면 볼 수 있는 등불이 130년 전 함안읍성 일대 민가의 70~80%에 매달려 있었다는 것이다. 기다란 나무로 시렁을 걸어놓고 거기에 등불을 매달았다. 등불 숫자는 형편이 되는 집은 식구의 숫자와 같았을 것이다.

그런데 등롱 속에 들어가 있는 등불 말고 정작 눈여겨 볼 대목은 '낙화落花'다. 등불은 물론 떨어져 내리는 불꽃도 함께 어우러져 있었던 것이다. 오횡묵이 "먼 시골에서 의외였다"고 한 까닭이 여기에 있지 싶다.

고을 원님조차 자리 차지 엄두를 낼 수 없을 정도로 노는 무리들이 함안읍성 남문루에 올라가 떠들썩했다. 사월초파일은 무슨 경건한 종교적 기념일이라기보다는 지금의 크리스마스 같은 축제에 가까웠다고 보아야 맞을 것 같다.

자이선에서 맞은 세 번째 사월초파일

이태가 지난 1892년 4월 8일에는 남문루를 찾지 않고 자이선에 올라 불놀이를 구경하였다. 자이선은 한 해 전 4월에 오횡묵이 사람을 시켜 전면적으로 단장한 새로운 명소였다. 지금 함안초교와 함성중학교의 경계 지점 뒤편 비봉산 기슭 바위 암벽에 해당된다. 평평하게 펼쳐져 너르기도 하였고 겹겹이 포개져 높기도 하였다. 두 해 전 초파일에 오르려다가 인파에 밀려 가지 못했던 남문루에서보다 훨씬 전망이 좋았을 것이다.

"아전들이 불꽃燈火 수백 개를 따로別別 만들어제製 나무 꼭대기와 암벽 등지에 걸어놓았다. 바람에 따라서 어지럽게 흔들리며 현란하게 빛났다. 관망함에 참으로 하나의 기관奇觀이었다. 마을의 등불이 지난해보다 조금 나은 것 같아 태평의 기상을 점칠 수가 있다."

눈길을 끄는 대목이 한둘이 아니다. 첫째는 아전들이 '따로 만들었다'는 부분이다. 민간에 더하여 새로운 주체가 하나 더 생긴 셈이다.

둘째는 만든 물건이 등불이 아니라 떨어져 내리는 불꽃이고 그 숫자가 수백 개일 정도로 많다는 사실이다. 셋째는 불꽃을 내건 자리가 길가 시렁이 아니라 자이선 나무꼭대기와 암벽이라는 점이다.

초파일 불놀이에서 등불이 먼저일까, 불꽃이 먼저일까? 그야 두말할 것도 없이 종교행사로 시작되었으니 등불이 먼저다. 그러면 불꽃은 왜 생겨났을까? 등불은 별다른 움직임이 없어서인지 아무래도 좀 밋밋하다. 사람은 무엇인가에 익숙해지면 색다르고 멋진 다른 것을 찾는 경향이 있기 때문이다.

이렇게 해서 등불을 뛰어넘는 재미거리로 생겨난 불꽃이 이번에는 거리를 벗어나 산으로 올라가 고도를 높임으로써 또다른 차원으로 나아갔다. 오횡묵이 적은대로 나뭇가지와 바위절벽에 내걸려 바람이 부는 데 따라 흔들리며 빛났던 것이다. 지금 되살려 시도해보아도 좋을 새로운 경관의 창출이라 할 수 있겠다.

이를 두고 한양명 안동대 민속학과 교수는 "이미 놀이화된 관등의 자기 운동성 즉 더 재미있고 흥미로운 쪽으로 나아가려는 놀이의 관성 속에서 이해해야"(논문 '낙화놀이의 전승양상과 함안낙화놀이의 위상') 한다고 설명한다.

함안군 함안면 무진정 일원에서 열린 함안낙화놀이 모습. 숯가루와 한지를 꼬아 만든 수천 개의 낙화봉에서 불이 떨어지며 불꽃비가 내리는 모습을 연출하고 있다.

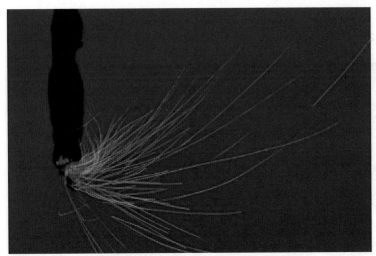

함안낙화놀이에 쓰이는 낙화봉. 숯가루가 들어 있는 한지를 꼬아 만들었다.

"붉기는 꽃 같고 밝기는 별 같다네"

오횡묵은 사월초파일에 한시도 지었다. 1890년 작품을 통하면 읍성 거리의 모습을 좀더 구체적으로 살펴볼 수 있다. 전체에서 여섯 구절을 가져왔다.

'불등佛燈은 점점이 스스로 높고 낮은데불등점점자고저佛燈點點自高低'
'불이 나무처럼 가로세로 연이은 집에 서 있고화수종횡연옥립火樹縱橫連屋立'
'등불이 저자 찬란한 산호 이 날에 열리니등시란산차일개燈市瓓珊此日開'
'붉기는 꽃이 피어 봄이 머무는 듯하고홍의화발여춘주紅疑花發如春住'
'밝기는 별 무더기 같아 밤이 오지 않네명약성퇴불야회明若星堆不夜回'
'바람이 불어 불꽃이 떨어져도가사이풍유화락可使以風流火落'

처음 두 구절에서는 거리에 있는 시렁과 등불을 제대로 그려놓았고 세 번째 구절은 불놀이를 하는 지역이 성 안으로만 한정되어 있지 않았음을 보여준다. 여기 '저자^市'는 읍성 동문 밖 3일·8일에 열렸던 읍장시^{邑場市}를 가리킨다. 읍성 안팎에서 동시에 불놀이가 이루어졌던 것이다.

네 번째와 다섯 번째 구절은 어쩌면 상투적이라고 여겨질 정도로 표현이 화려하다. 그리고 마지막 구절은 함안읍성 불놀이의 특징적인 모습을 짚었다고 할 수 있다. 흐르는 불^{流花}이 그것으로 불꽃의 구체적인 모습이 여기에 있다.

1892년 사월초파일에는 오횡묵이 이렇게 읊었다.

'비단시렁 일천 나무가 봄의 조화를 뺏으니^{錦棚千樹奪春工}

모든 나라 다함께 하룻밤 붉음을 보네^{萬國同看一夜紅}

거리를 메운 사녀들 어지럽게 서로 섞이니^{塡街士女紛相錯}

모두들 태평성가를 부르며 웃음 속에 있구나.^{盡在昇平歌笑中}'

첫 구절에서 '비단시렁 일천 나무'는 자이선 일대 나뭇가지와 바위 절벽에 내걸린 불꽃을 형상화한 것으로 여겨진다. 지금 같으면 아마 밤바다에서 환하게 불을 켠 도심지를 바라보는 그런 정도 느낌이 아닐까 싶다.

셋째 구절은 당시 풍속을 보여준다. 사녀에서 사^士는 굳이 선비만이 아니라 남자 일반으로 보면 된다고 한다. 부처님 오신 날에는 이렇게 남녀가 스스럼없이 한 데 어울려 놀았다는 대목이 재미있다.

그렇다면 1891년 오횡묵이 함안에서 두 번째 맞은 사월초파일은 어땠을까? 비가 와서 개지 않았다고 〈함안총쇄록〉에 적혀 있는데,

등불과 불꽃을 내거는 불놀이는 그래서 못했을 것이다.

대신에 지인들과 술을 마시고 시를 지었다. 전체 8행 가운데 당시 불놀이나 정황을 담은 부분은 3행과 4행이다. 앞부분 두 글자 '함훌嘁呬'이 해독되지 않았는데, 이를 빼고 보면 이렇다.

"저자에 등을 켜라 거리낌 없이 말하고 함훌감언등시장嘁呬敢言燈市牝 / 풍년을 점치며 단비와 농부를 생각하네. 점풍유회우전공占豊惟喜雨田公"

비가 와도 장터에는 등불을 매달라 했을 수도 있겠다.

장터와 읍성 말고도 불놀이를

1892년 사월초파일 기록에서는 새로운 경관이 자이선에서 창출되었다고 할 수 있음을 앞에서 살펴보았다. 그런데 여기에는 관심 깊게 보아야 할 대목이 하나 더 있다. 마지막 부분에 한자 원문이 "夜深야심 新校姜政武家신교강정무가 失火실화 親往救之친왕구지 蓋引落花所致也개인낙화소치야"라는 대목이 나온다. 우리말로 옮기면 "밤이 깊어 신교 강정무의 집에 실화가 났다. 몸소 가서 껐는데 대개 불꽃의 소치였다"가 된다. 여기서 새로운 사실 하나를 발견할 수 있다. 신교新校가 그것으로 다가가는 단서가 된다. 앞서 나온 여러 국역을 찾아보니 다들 '신임 장교'나 '새 장교' 쯤으로 되어 있었다. 강정무가 그렇다는 말인데 하지만 강정무는 3년 전 오횡묵이 부임 당일 받아본 거안擧案에 이미 이름이 올라 있었다. 거안은 삼반관속들의 관등성명을 적어 놓은 책인데 여기에 무임리無任吏=임무가 주어져 있지 않은 아전들 41명 가운데 한 명이 강정무였다. 그러니 강정무가 새 장교일 수는 없는 것이다.

정답은 뜻밖에 가까이에 있었다. 원래 뜻은 새로新 지은 향교校인데 여기서는 마을 이름이었다. '신교촌에 있는 강정무의 집'이 된다. 신교 마을에는 옛날 다른 데 있다가 지금 자리로 옮겨온 함안향교가 있다. 옛날 향교는 지금 자리에서 북동쪽으로 200미터쯤 떨어진 데 있었다.

오횡묵이 부임 이튿날 읽은 〈군지〉를 보면 함안읍성 일대의 행정구역은 대략 동문과 서문을 잇는 도로를 기준 삼아 둘로 나뉘어져 있었다. 남쪽이 상리면上里面, 북쪽이 산내면山內面이었다. 지금 함안면은 상리면과 산내면이 합해진 것이다. 신교 마을은 장명·강지·미산·내파·외파·구교·남외·동외·남내·백암 등 다른 10개 마을과 함께 상리면에 들어 있었다. 읍성에서 보면 남외·구교 마을이 좀더 가깝고 그 다음이 신교다. 호수戶數는 135호였는데 여기서도 사월초파일 불놀이가 연행되었던 것이다.

그렇다면 신교보다 읍성에 더 가까운 남외·구교마을에서도 불놀이가 펼쳐졌을 개연성이 높다. 불꽃놀이가 읍성 내부와 장터뿐만 아니라 좀더 넓은 범위에서 행해졌으리라고 짐작할 수 있는 것이다.

옛날 모습을 재현한 '함안낙화놀이'

새롭게 전승된 함안낙화놀이

이처럼 〈함안총쇄록〉에 자세한 기록을 남긴 함안읍성 일대의 사월초파일 불놀이는 그 뒤 일제강점기를 거치며 언제 사라졌는지도 모르게 자취를 감추고 말았다. 하지만 한동안 세월이 흐른 뒤 지역 주민들의 자발적인 노력으로 '함안낙화놀이'라는 이름으로 지금 되살아나 있다.

2013년 발행된 〈함안군지〉 제3권에서 '경남무형문화재 제33호 함안낙화놀이'를 보면 오횡묵이 1892년에 불놀이를 즐겼던 자이선 바로 옆에 있는 절간 봉암사에서 1946~75년 사월초파일에 연등을 달면서 불꽃낙화을 사이사이에 달아 옛날 모습을 재현하였다.

또 함안읍성에서 북쪽으로 2킬로미터 가량 떨어진 괴항마을에서는 1960년에 마을청년회를 중심으로 무진정에서 옛적 놀이를 되살려냈다. 떨어지고 흘러내리는 불꽃은 마을 주민들이 손수 참나무로 숯을 굽고 무명으로 자루를 지어 만들었다. 이런 낙화봉을 무진정 일대에 매달려면 품도 들고 돈도 필요해서 해마다는 못하고 2~5년에 한 번씩 했다. 같은 이유로 시기도 고정시키기 어려워 논농사 농한기인 7월 칠석이나 백중에 연행한 적도 있다.

1985년에 함안문화원의 관심과 함안군청의 지원을 받기 시작하여 해마다 사월초파일로 정례화되었으며 지금은 함안읍성낙화놀이보존위원회라는 전승 주체까지 조직이 꾸려져 있다.

지역 주민 스스로 이룩한 재연과 전승

한양명 교수는 이를 두고 "낙화놀이는 전국적으로 전승된 보편적인 놀이였지만 현전하는 것은 손에 꼽을 정도로 희소하다. 이런 상황에서 함안낙화놀이는 비록 변용된 것이긴 하지만 주민들에 의해 재맥락화되어 현재적 의미를 발현한다는 점에서 주목된다"고 의미를 부여했다.

단절이 있기는 했지만 기관과 학계의 개입 없이 순전히 지역 주민의 힘으로 재연 전승해(자주성) 낸 것이 가장 중요하고 현재의 필요와 요구에 따라 옛 모습을 변용하면서도(현대성) 옛날 불놀이가 간직하고 있었던 미학과 정서를 이어받았다(고유성)는 것도 나름 의미가 있다는 정도로 알아들으면 되겠다.

북한 지역까지 포함하여 현재 낙화놀이에 대한 기록이 남아 있는 곳은 모두 스무 군데 남짓이며 이 중에 연행이 계속되는 데는 여섯(경북 안동 선유줄불놀이, 창원 진동낙화놀이, 경기 여주 본두리 해촌낙화놀이, 전북 무주 두문낙화놀이와 봉산낙화놀이)이다. 무형문화재로 등록된 것은 함안낙화놀이가 유일한데, 이는 그만큼 독창성을 인정받고 있기 때문이라고 할 수 있다.

12.
관노들의 파업

세금은 나라 살림살이의 기반을 이루는 중요한 재원이다. 지금은 국세청을 따로 두어 조세 업무를 전담하지만 조선시대까지만 해도 군수 같은 고을 수령에게 가장 중요했던 업무가 바로 조세 징수였다. 1889년 4월 17일 오횡묵이 부임 인사차 대구 감영을 찾았을 때 경상감사는 거짓으로 꾸민 재결(災結=재해를 입은 농지 면적)을 실태 조사(위재사실偽査實)하고 밀린 조세를 받아내어 장부를 깨끗이 정리(청장淸帳)하는 두 가지를 토호 제압과 함께 주문했다.

요즈음은 모든 것이 전산화되어 세금에 관한 부정부패가 예전과 같지 않음에도 탈세에 관한 뉴스를 종종 듣고 보게 된다. 그렇다면 사람 손으로 직접 현물을 받고 바치고 관리했던 옛날에는 불법이 얼마나 만연했을까?

©서동진

한 섬이 12말도 되고 8말도 되는 비결

1889년 5월 6일자 〈함안총쇄록〉에는 황정의라는 젊은이가 나온다. 오횡묵의 은밀한 부탁을 받고 함안 각지에서 실정을 탐문한 결과를 보고하고 있다. 여기서 아전들의 조세 착복 장면을 몇몇 추려보았다.

"호포戶布를 바치는 가구가 원래 4300호 남짓이고 호마다 호포세가 두 냥 아홉 전 여섯 푼씩인데 합치면 1만3000냥 남짓입니다. 서울 여러 관아와 감영·병영·통제영에 바치는데 다른 많은 잡비도 포함되어 있습니다. 백성들은 합당한 호포세는 7000~8000냥에 불과하다고 합니다.

군포는 한 필에 6~8냥을 거두는데 담당 아전이 농간을 부려 한 필에 2냥 8전씩은 동네에 이자(연간 이율은 10%)를 놓습니다. 또 한 필에(원래는 40자인데도) 42~43자씩으로 셈하여 바치도록 합니다.

일곱 면 노초장蘆草場=갈대밭에서 세금을 매년 700냥 남짓 거둡니다. 감영에는 100냥을 바치고 나머지 600냥 남짓은 고을 각청各廳에 붙여 아전·관노·사령들이 나누어 먹는 자금으로 해 왔습니다.

조운미는 결結당 쌀 1석 5말 5되 6홉과 콩 1말 9되입니다. 전세·호포·군포·포량미, 관아 비용, 향소·군교·관속의 급료, 조창에 바치는 물품, 감독아전의 급료 등이 모두 포함되어 있습니다. 백성들에게 매긴 수량이 항목별로 나간 갖가지보다 수백 석이 많습니다.

조운미를 바칠 때는 한 섬에 12말을 담고 재난구제용으로 나누어줄 때는 한 섬에 8말을 담습니다. 나머지 2말은 아전의 개인 주머니로다 들어갑니다.

통제영의 환곡에서 본전 곡식을 군에서 보관할 때, 집집마다 넉 되씩 거두어 고지기에게 줍니다. 그러나 곡식을 돌려보낸 뒤에도 예전처럼 거두어 담당 아전들이 차지합니다.

아전·군교·사령·포수 등을 내보내면 토색질하는 술밥과 강제로 빼앗는 족세足稅=출장비가 원래 받을 돈보다 두 배나 됩니다. 시장에서 억지흥정을 붙이거나, 곡식을 되며 흩어버리거나, 외상이라며 강제로 빼앗습니다.

함안군 전체 토지 313부夫 6결結 67부負 5속束 가운데 119부 2결을 아전들이 토지대장에서 누락시켜 놓고 백성들에게는 조세를 부담하게 하고 있습니다.(전체 농지의 40% 가까운 조세를 아전들이 가로챈다는 얘기다)"

이처럼 아전들은 중간 지위를 다양한 방법으로 활용했다. 밑에서 규정대로 받으면 위에는 적게 바쳤다. 위에 제대로 바칠 양이면 밑에서 더 많이 거두었다. 조세를 내야 하는 토지는 숨기고 감면받는 토지는 늘렸다. 알량한 지위를 내세워 가난하고 무지한 백성들에게 갑질을 했다.

10년 전 장부까지 조사하고

한 해 전 흉년으로 농사짓는 땅이 재결에 포함되면 조세가 면제되었다. 조정에서 이 재결을 지역별로 정해주었는데 언제나 보고한 면적보다 적었다. 아전들은 양반과 짜고 부풀린 거짓 재결은 그대로 두고 백성들의 진짜 재결은 줄여서 맞추었다.

밀린 조세는 아전과 백성들이 떼어먹은 포흠逋欠인데 10년 전 20년 전부터 오랫동안 누적된 것으로 묵은 장부가 되어 쌓여 있었다. 일반 백성들은 바칠 재산이 없어서 어쩔 수 없었던 경우가 많았지만 아전과 양반들은 포흠을 재산을 불리는 수단으로 삼기 일쑤였다.

조세를 합당하게 매기고 제대로 거두는 것은 이 같은 아전들의 농간을 뿌리 뽑는 일이기도 했다. 조세 징수를 바르게 하면 나라의 곳간도 채우고 백성들에 대한 아전과 양반들의 토색질도 막을 수 있었다.

오횡묵은 해묵은 조세 문제 해결을 위하여 부임 나흘째부터 거짓 재결과 포흠 관련 장부를 조사하기 시작했다. 4월 24일 서원들에게 장부를 갖고 내동헌에 대령하도록 했고 27일에는 조세를 매길 당시에 입회했던 아전 안동색리眼同色吏까지 불러 내아에서 작업하도록 시켰다.

장소가 내동헌에서 내아로 바뀌었다. 내동헌은 군수 업무 공간으로 10칸 크기지만 내아는 오횡묵이 식구를 데리고 오지 않아 텅 빈 상태였고 크기도 18칸으로 훨씬 넓었다. 더 많은 장부와 인원을 수용할 수 있는 공간이었다. 오횡묵은 이를 두고 '문부사실소文簿査實所'라고 이름을 붙였다. 5월 10일에는 조사할 장부를 10년 전까지로 확정하는 한편 좌수·별감·공형과 면별로 사정을 잘 아는 양반들이 입

고을 원님이 재판을 하는 모습. 1920년 조선풍속연구회에서 펴낸 〈조선풍속풍경사진첩〉에
나온다. 오횡묵 함안군수도 동헌에서 이렇게 하였을 것이다. ⓒ서울역사박물관.

회하도록 했다. 그래도 일손이 모자라자 17일 다시 면별로 새 사람을 차출하고 아전이나 백성들 가운데 사정을 잘 아는 사람은 자진해서 내아에 모이도록 했다.

좌수는 양반들의 조직인 향청鄕廳의 우두머리이고 별감은 그 아래 지위이다. 공형은 아전들의 조직인 이청吏廳에서 핵심 요직인 호장·이방·수형리를 맡은 사람을 일컫는다.

거짓 재결과 포흠逋欠 가운데 어느 것이 조사하기 쉬웠을까? 둘 다 만만찮았지만 거짓 재결이 상대적으로 쉬웠다. 흉년이 들어 재해 농지를 조사했던 때가 한 해 전이었기 때문이다. 반면 포흠은 오래 된 일이어서 기록이 멸실되거나 사람이 죽고 없어진 경우가 많아 한결 조사가 힘들었다. 그래서 포흠은 연말에나 실상이 드러났지만 거짓 재결은 한 달 조금 지나니 거의 파악되었다.

밥줄 끊어진 관노들의 파업

바로 이 즈음에 관노官奴들이 들고 일어났다. 6월 10일 오횡묵이 내아 문부사실소에서 나오니 관노가 한 명도 없었다. 관아에서 가마를 매거나 청소를 하거나 건물을 수리하거나 파인 도로를 매우는 등을 하는 사람이 관노였다. 요즘 공무직 노동자 정도에 해당될 듯하다.

원인은 먹고사는 문제였다. 관노들의 생계는 색락色落에 달려 있었다. 색락은 조세로 곡식을 거둘 때 나중에 축날까봐 일정 분량을 더 받아두는 곡식이다. 그런데 그해 조세를 전부 현물 대신 돈으로 마련하라고 조정 명령이 내려왔다. 불법과 부정의 여지를 없애기 위해

현물 징수를 현금 징수로 바꾼 셈인데 이렇게 되면 곡식이라야 가능한 색락은 아예 근거가 없어진다.

살 방도가 사라졌으니 가만히 있을 수 없었다. 색락이 불법 부정이면 다른 대책이 있어야 했다. 대책이 나올 데는 관아와 향회(양반들의 모임) 둘이었다. 모두 찾아가 하소연을 했지만 뾰족한 대책은 없었다. 관아는 '향중鄕中=지역 양반사회에서 조처할 문제'라 하고 향청은 '전례가 없다'고 했다.

관노들은 '밤낮으로 공사에 매달려 오직 색락만을 바랐는데 이런 해를 당하여 돌아갈 곳이 없다. 이제 며칠 못 가 죽을 것이다. 이왕 이렇게 되었으니 다 흩어져서 버티는 데까지 버티어 보자'는 심정으로 파업에 들어갔다.

파업을 맞은 오횡묵의 대처는

오횡묵은 관노들의 파업을 잘못되었다고 여기지 않았다. "관노의 말대로 당장 죽을 지경에 이르렀다면 어떻게 오늘과 같은 거동이 없을 수 있겠는가? … 관노들이 달아난 것은 크게 나무랄 일이 아니다."

대신 양반들에게 책임이 있다는 인식을 보여주었다. "이미 관노들이 흩어져 달아났음을 지역 양반들이 알면서도 깨우쳐 주지 않고 이런 지경에 이르렀으니 고을 풍습을 생각하면 매우 괘씸하다."

얼핏 보면 이해하기 쉽지 않다. 관아에서 일을 하니 당연히 고을 원님 책임이라 여기기 십상이다. 그러나 그렇지 않았다. 요즘 용어로 고용 형태가 독특했기 때문이다. 근무는 관아에서 하지만 소속은 관아가 아니었다.

공형이 양반들을 찾아가 한 말에서 알 수 있다. "관노는 본래 여러 향중에서 노비를 한 명씩 돌아가면서 교대로 읍에 들어가도록 한 데서 비롯되었습니다. 그런데 폐단이 있다 하여 (노비 대신) 따로 양인良人을 정하여 관노라 하였던 것입니다."

급료를 지불할 책임도 관아에 있지 않았다. 하지만 양반들은 관아를 끌어들이려 했다. "당초 조정에서 명령하여 쌀 한 섬당 대신 받는 돈 25냥 말고는 제반 잡비를 일절 거론하지 말라 했으니 오늘날 그들의 색락을 밑에서 마음대로 못합니다. 반드시 관가의 명령으로 '너희들과 반드시 상의하여 상부에 보고할 테니 와서 처분을 받으라'고 하여야 합니다."

오횡묵은 세게 나갔다. "양반들의 대답은 모두 강아지 같다"고 했다. 개소리 하지 말라는 말이다. 그리고는 "본관이 본관 노릇을 하는 것은 관노가 있고 없고에 달려 있지 않다"며 관노와 각색各色을 함께 혁파革罷했다.

각색은 관아의 여러 부서를 말하고 혁파는 낡은 제도를 없앤다는 뜻이다. 아전을 끌어내려 관노로 쓰는 등 요즘 말로 일시적인 '구조조정'에 들어간 것이다.

파업에 숨은 배후가 있었으니

물론 양반들이 관노들의 파업을 적극 사주하거나 조장한 것은 아니었다. 하지만 적어도 급료를 주는 책임을 지지 않고 소극적으로 방관한 것은 사실이다. 이 때 양반들의 심리는 어땠을까? 6월 10일 파업이 시작되기 직전 〈함안총쇄록〉에 당시 사정을 짐작할 수 있는 대목이 나온다.

"많은 폐단의 원인이 아전들만 책임이 있는 것이 아니오. 양반들이 좀벌레처럼 재물을 빼앗은 것이 손가락으로 꼽을 수 없을 만큼 많소. …한 마음으로 협력하여 온갖 폐단이 있는 고을을 한 번 새로운 지역으로 바꾸어 봅시다."

오횡묵은 양반더러 좀벌레라 추궁하면서도 한 마음으로 협력하자고 제안했다. 이에 대해 양반들은 입과 몸이 따로 놀았다. 입으로는 "변명의 여지가 없습니다"라 했지만 몸으로는 "머뭇머뭇^{준순逡巡}"하는 태도를 보였다. 입과 달리 몸은 속마음을 숨기지 못했던 것이다.

원래 자기 재산이 아니었어도 내놓으려면 왠지 억울하고 속상하는 것이 사람 마음이다. 그러니 양반들은 오횡묵의 올바른 조세 징수를 위한 장부 조사를 어떻게든 늦추고 싶었을 테고 그러던 차에 관노들이 파업 기미를 보이자 마땅히 양반들이 책임져야 할 일인데도 수수방관하였던 것이 아닐까.

파업은 실패로 돌아가고

오횡묵의 11일부터 19일까지 일정을 보면 파업은 별다른 영향을 끼치지 못했다. 11일 새벽부터 들판에 나가 권농을 하더니 거짓 재결 조사를 바짝 조이기 시작해 15일 마무리 지었다. "닷새 동안 조회를 마치고 들어가 해가 지고 나오는 등 몸소 점검했더니 이제 일이 마쳐졌다." 전체 541결89부 가운데 30%정도인 153결^結28부^負3속^束이 거짓 재결이었다.

16일에도 초복에 관아 손님과 통인들에게 콩죽을 쑤어 먹였고 17일

공부를 권하는 전령傳令을 작성하였다. 18일도 통제영 환곡 겉보리 4 섬을 동창東倉에 넣었으며 19일은 읍내 들판읍평뜨坪에서 권농을 하였다.

19일은 파업 열흘째였는데 양반들이 또다른 움직임을 보인 날이 기도 하다. 한 번 결정된 사안을 다시 처결하는 복안腹案을 요청하였던 것이다. 오횡묵은 이 재검토 요청을 받아들이지 않았다. "축출逐出과 복안은 모두 양반들의 언사에서 나온 것이다. 제멋대로 구는 악습이 관장官長을 압도하는 데 이르렀으니 사사건건 구구절절 해괴하고 악독하다." 축출은 쫓아낸다는 말이니 요즘 직장폐쇄에 해당될 것 같다.

빗줄기 맞으며 엿새 동안 석고대죄

조금 있으니 관노들이 내삼문 밖에서 석고대죄席藁待罪를 시작하였다. 양반들의 복안 요청과 관노들의 석고대죄는 서로 연관되어 있을 것 같은데 〈함안총쇄록〉에 기록되어 있지는 않다. 어쨌거나 오횡묵은 이에 대해서도 "그날 멀쩡히 물러가서 그동안 아무 소식도 없었다"거나 "갈 때는 무슨 마음이고 온 것은 무슨 까닭인가? 하물며 대죄라니 더욱 부당하다. 이미 혁파했고 아울러 축출을 명령했다"라 하며 받아들이지 않았다.

그러다 엿새가 지난 25일에야 '형편을 보아 용서한다고 특별히 허락'하였다. 그것도 고을 백성 7~8명이 찾아와 백방으로 간절히 빌었던 결과이니 오횡묵의 완승이었다. 석고대죄는 한 번 시작하면 윗사람이 처분을 내릴 때까지 자리를 뜨지 못한 채 며칠이고 엎드려서 기다려야 한다. 관노들은 음력 6월 여름철 무더위를 한데에서 감당한 데 더해 23일만 흐리고 나머지 닷새는 비가 오는 바람에 쏟아지는 빗줄기까지 그대로 맞아야 했다.

관노들은 생계가 막막한 상황에서 깨질 줄 알면서도 파업을 할 수밖에 없었다. 색락은 관행이었지만 합당하지 못했기에 더 이상은 밥줄이 될 수 없었다. 그렇다면 관아든 양반이든 책임을 져야 하는데도 둘 다 손 놓고 있었으니 다른 선택의 여지가 없었다. 힘 있는 쪽은 책임져야 할 일도 일단 버티고 보는 식이었고 당하는 것은 예나 이제나 일반 백성들의 몫이었다.

그나저나 파업 이후 관노들의 급료는 누가 대었을까? 관아에서 대었다면 오횡묵은 반드시 기록으로 남겼을 텐데 〈함안총쇄록〉에는 그런 내용이 없다. 원래 양반들이 필요해서 생겨난 것이니 십중팔구 양반들이 대는 쪽으로 결말이 났을 것이다.

13.
군수의 파업

엄청나게 떼어먹은 조세

1889년 함안은 파업으로 물결쳤다. 노동자인 관노들이 파업을 벌였고 사용자인 군수도 파업에 나섰다. 노동자의 파업이면 당연한 권리려니 하겠지만 사용자가 파업이라니, 130년이 지난 지금도 익숙한 상황은 아니다. 왜 파업을 했는지 내막이 궁금하다.

군수의 파업은 밀린 조세를 농간 없이 거두는 데 목적이 있었다. 밀린 조세를 걷는 과정에서 아전과 양반의 장난질을 막아 백성들이 엉뚱한 손해를 보지 않도록 해야 했다. 파업이라는 극약처방을 해야 할 정도로 중요한 일이 바로 조세 징수이기도 했다.

앞서 오횡묵은 부임 직후인 5월 아전과 백성들이 떼어먹은 포흠逋欠이 얼마나 되는지 조사를 시작했다. 일곱 달 만에 나온 결과는 엄청났다. 1886~88년 3년 동안 밀린 세대전稅代錢=현물 대신 현금으로 바치는 조세과 각공전各公錢=서울 여러 공공기관에 바치는 세금이 모두 10만 냥이 넘었다.

백성들이 떼어먹은 민포民逋가 3만 냥이었고 아전들이 떼어먹은 이포吏逋도 2만3000냥으로 적지 않았다. 이는 그래도 받아낼 대상이 있지만 나머지 4만 7500냥은 받아들일 도리가 없는 무망난판無望難辦이었다. 내야 할 사람이 죽거나 달아난 경우가 태반이었던 것이다.

대책이 없는 조세를 받아들이려니

무망난판은 받아낼 사람이 없어서 말 그대로 난감했다. 일단은 적발된 방환防還과 방결防結로 충당하기로 했다. 방환은 춘궁기에 곡식을 서류상으로만 빌려주고 추수할 때는 아전들이 이자까지 받아 가로채는 것이다. 방결은 농지를 숨겨서 해당 조세를 물지 않고 탈세하는 것이다.

이러고도 모자라는 부분은 농지가 있는 모든 백성에게 공동으로 책임을 지우기로 했다. 이를 배결排結이라 하는데 한 마지기를 가진 백성은 한 말을 내고 열 마지기를 가진 양반은 열 말을 내는 식이다.

반면 민포·이포는 해당 백성이나 아전이 재산이 있으면 바로 거두고 없으면 족척族戚에게 받아내는 쪽으로 가닥을 잡았다. 족族은 성이 같은 친족이고 척戚은 성이 다른 친척이다. 이런 연좌제는 개인이 독립된 주체인 현대 사회라면 어림도 없지만 씨족공동체가 기반인 전통사회서는 가능했다.

오횡묵은 12월 1일 밤 향청향사당=양반들의 업무 공간에 모인 임원 50명 남짓에게 이런 방안을 밝혔다. 다만 누구에게 얼마나 물릴지 구체적인 부분은 스스로 결정하게 했다.

"부임하기 오래 전부터 있어온 일이니 본관이 마음대로 할 수 없소. 서로 충분히 의논하여 방편을 찾아보시오."

웃통 벗고 화살 맞기

양반들은 앉지도 일어나지도 못하는 어정쩡한 상태가 되었다. 먼저 군수의 결정에는 반대할 꼬투리가 없었다.

"조세 공납 문제는 해마다 쌓인 허물로 아전과 백성들의 뱃속에 모두 들어 있습니다. 또 죽거나 달아나서 거두어들일 데가 없는 것에 대해서는 고을의 지각 있는 선비는 누구나 사또의 오늘 교시와 같은 방편입니다."

하지만 그대로 따르자니 손해가 막심했다.

"이렇게 배결하면 달갑지 않은 사람이 많습니다. 누가 가슴 웃통을 벗고 기꺼이 화살을 받겠습니까? …괴로워 속을 태우면서도 원망은 하지 못하는 나날입니다."

어쨌든 이렇게 큰 틀에서 합의가 이루어지자 오횡묵은 처음 준비한 대로 "술과 국을 가져와 앉아 있는 임원들에게 나누어 먹였다." 한편으로는 으르고 한편으로는 달래는 국면이었다.

마산창에서 걷은 한 해 조세

그런데 오횡묵에게는 밀린 조세만 있는 것이 아니었다. 그해에 걷어 바쳐야 할 조세도 있었다. 이는 오횡묵이 마산창^{馬山倉=지금의 창원}시 마산합포구 창동 일대에 있었던 조세 창고에서 거두어야 했다.

이틀 뒤인 3일 마산창에 달려갔더니 전운사^{轉運使=조창의 최고 책임자}가 닦달을 했다.

"다른 고을은 거의 모두 기한에 다 납부할 지경인데 함안은 무엇을 믿고 이처럼 늦는가?"

그러나 오횡묵에게는 비책이 있었다. 지난 1일 양반들을 만났을 때 납부를 미리 조직해 두었던 것이다.

"먼저 영향력 있는 집안부터^{선자대민先自大民} 6~7일을 기한으로 바치기를 마치시오."

곤장 소리 가득한 납세 현장

곡식을 조세로 거둘 때는 되질이 중요했다. 지금처럼 전자저울로 무게를 정확하게 달 수 없었던 옛날에는 되질에 따라 10~20% 더해지거나 빠지는 것은 예사였다. 됫박이 같아도 고봉으로 되질하면 더 들어갔고 깎아서 하면 적게 들어갔다.

오횡묵의 되질은 정확하고 공정했으며 이는 백성들이 알고 있는 바였다.

"마산창 대청 동쪽 아래 방에 세미를 되질하는 봉세소^{捧稅所}를 정하였는데 백성 수백 명이 벌써 기다리고 있었고 나머지도 뒤로부터 계속 들어왔다."

"세미를 내는 백성에게 둥근 쇠방망이를 내어 평평하게 되어 바치게 하였다. 고지기가 먹을 몫으로 한 되를 뜨는 것도 역시 같은 방법으로 하게 하였다. 바닥에 흩어진 쌀을 해당 백성에게 내어주도록 하였다."

다른 봉세소는 어땠을까?

"창원봉세소에는 채찍과 회초리가 어지럽게 흩어져 있었고 곤장을 제대로 쳤는지 확인하는 소리가 그치지 않았다."

백성들에게 불리하게 되질을 해놓고는 세곡이 모자란다며 매질을 했을 것이다.

이렇게 해서 11일 "창고를 연지 8일만에 곤장을 한 대도 치지 않고" 한 해 조세 2800석 남짓을 거두었더니 "조창이 설치된 이후로 처음이라고들 했다." 전운사 또한 "다른 원님이 머무는 자리에는 모두 기생이 있었다는데 함안만이 없었으니 쉽지 않은 일이네"라고 칭찬했다.

질질 끄는 양반 vs 문을 닫는 군수

오횡묵은 마산창에 8일을 머물렀다. 이것이 양반들에게는 밀린 조세를 거둘 구체적인 방안을 마련하라고 주어진 말미였다. 그런데 닷새가 지난 16일에도 밀린 조세는 매듭이 지어지지 못한 상태였다.

이틀 뒤 18일 오횡묵은 "양반들이 의견이 일치되지 않아 점차 다툼에 이르리라는 말을 듣고 병이 났다며 방문을 닫았다." 드디어 군수의 파업이 시작되었다. 사람들 대면은 않았지만 서류는 주고받으며 업무는 보는 정도였다.

파업 나흘째인 21일에도 양반들은 서로 버티며 밀고 당기기만 하고 있었다. 이에 오횡묵은 아예 떠날 수도 있다고 밝혔다.

"조정과 통영·병영·감영에서 잇달아 조세 독촉을 받는 고달픈 실정이다, 양반들이 사태를 가볍게 여기고 소 닭 보듯 바라만 보며 책임을 전가하고 일부러 결정하지 않고 있다, 관장이 결연히 떠나 버리면 누가 어떻게 할 것인가?"

얼핏 보면 별스럽지 않은 이 발언이 양반들에게는 심각하게 받아들여졌다. 의논만 분분하던 양반들이 이틀이 지난 23일에 처음 얘기대로 농지 면적에 따라 밀린 조세를 물리겠다는 보고서를 올린 것이다.

단체장을 자기 손으로 뽑는 지금도 시장·군수·도지사가 잘못 걸리면 주민들은 생고생을 한다. 공공의료시설을 멋대로 폐쇄하고 복지를 축소하거나 마음에 들지 않는 민원은 내팽개친다. 옛날에는 입법권·행정권·사법권에 형벌권과 조세징수권까지 원님 손아귀에 있었다. 생살여탈권을 쥐고 있다 보니 어떤 원님이 오느냐가 백성들의 삶의 질과 직결될 수밖에 없었다.

선정을 베풀던 원님이 떠난 자리에 고약한 인물이 오는 것은 생각만으로도 끔찍했다. 멀리 갈 것 없이 며칠 전 마산창에서 있었던 창원봉세소의 모습만 떠올려도 충분하다. 창원 백성들은 함안 백성들과 달리 같은 세곡을 바치고도 억울한 매질까지 당해야 했던 것이다.

군수의 일관된 뚝심 vs 양반의 소소한 저항

그래서인지 오횡묵은 한 발 더 나갔다. 한 풀 꺾인 양반들이 원래대로 하겠노라 한 뒤에도 같은 심정을 되풀이 밝혔다.

"문을 닫아건 채 오로지 벼슬을 그만두고 돌아갈 생각만 하고 있소."

중간에서 농간을 부리지 못하도록 막을 구체적인 방안을 주문하면서였다.

이에 양반들이 색리^{色吏=아전}를 정하여 실태 조사를 함으로써 폐단을 없애겠다고 하였으나 오횡묵은 색리 말고 '(해당 지역의) 사정을 잘 아는^{解事:해사} 향원^{鄕員:향청의 임원}'도 추가하라고 주문했다. 일반 백성들이 다치지 않도록 이중삼중으로 안전장치를 두겠다는 심산이었다.

양반들은 곧바로 "의견이 통일되어 이의를 제기할 사람이 없다"며 "곧장 정당^{政堂}을 열어달라"고 요청하였다. 그러면서도 '사정을 잘 아는 향원'을 추가하는 문제에는 똑 부러지게 답하지 않았다. 어찌 보면 귀여운, 지역 양반들의 소소한 저항이라고나 할까.

그러나 이를 받아들일 오횡묵이 아니었다. "분명한 것이 없으니 매우 미심쩍고 답답하다"고 답하면서 "정당을 열고 열지 않고는 마음대로 할 수 있는 일이 아니다"며 거절했다. 양반들이 어떻게 하느냐가 문제를 푸는 열쇠임을 분명히 밝힌 셈이다.

전체 백성을 대상으로 전령^{傳令}도 내렸다.

"임장배^{任掌輩=마을에서 공무를 맡던 하급 아전들}가 조세를 걷어 관아에 바치지 않거나 빼앗는 폐단이 전혀 없다고 보장하기 어렵다. 임장배에게 낸 조세를 사람마다 낱낱이 이름 아래 언제 누구에게 얼마를 내었는지 빠짐없이 적어 내일까지 가져오라."

아전들에게 백성들이 한 푼도 뜯기지 않도록 하겠다는 의지가 결연하다.

 이처럼 일반 백성까지 동원해 압박하자 양반들은 일단 색리를 정하여 실태를 조사하겠다고 밝혔다. 하지만 오횡묵은 받아들이지 않았다. 앞서 주문대로 색리뿐 아니라 향원까지 추가하라고 한 번 더 못을 박았다.

©서동진

"아전들의 간사함은 헤아리기 어려워 아전의 손에만 오로지 맡겨놓을 수 없다."

임장배가 배결에 따른 조세를 거두는 현장에 아전과 향원이 1명씩 더 입회하여 검사하고 살펴야 한다는 얘기다. 그러고는 하루 뒤(24일) 색리 3명과 감관監官 6명을 뽑아 입회시키고 포흠 장부를 실사하게 함으로써 사태를 종결지었다(향원은 향청에서 자율 결정).

생일날 깔끔한 마무리

파업은 100% 목적을 달성했다. 밀린 조세를 걷는 과정에서 아전과 양반들이 농간을 부리지 못하도록 안전장치를 만들었다. 그러나 파업을 바로 풀지는 않았다. 이틀이 지난 26일에야 문을 열고 일을 보기 시작했다.

이날 호가 석성石醒인 지인이 파업이 성과를 내었다고 평했다.

"그동안 업무를 보지 않은 것은 여러 사람의 마음을 경계하고 양반들의 논의를 하나로 하려는 데서 나왔습니다. 그래서 일을 빨리 마치려는 뜻이었습니다. 정사를 보지 않음으로써 아름다운 정사를 이룬 것입니다."

오횡묵은 마음이 불편했다. "수령으로서 백성들의 괴로움을 생각하지 않을 수 없었기 때문"이다. 밀린 조세는 줄잡아도 10만 냥이다. 며칠 전 마산창에서 거둔 함안의 한 해 세곡이 통틀어 2800석이었다. 당시 조정에서 쌀 한 섬을 25냥으로 쳤으니 10만 냥을 쌀로 환산하면 4000석, 함안 전체 조세의 140%를 웃도는 엄청난 규모였다.

그래서 밀린 조세의 징수는 "눈 위에 서리가 내리고 거북이 등에서 없는 털을 깎는 것과 같으니 차마 할 수 없는 일"이었다. 오횡묵은 "마음 가득 몹시 슬퍼 잠자고 밥 먹는 데도 맛을 잃었다. 어쩐지 몸을 일으킬 생각이 없고 차라리 병을 핑계로 벼슬을 그만두고 돌아가는 것이 나을 것 같았다."

어쨌거나 마무리는 깔끔할수록 좋은 법이다. 이튿날인 27일이 하필이면 생일이었다. 오횡묵은 이를 빌미 삼아 한 턱 쏘았다.

"18면의 향원과 실사 감독관 34명이 도서원청^{都書員廳, 서원은 마을별 고을 업무 집행}^{책임자} 장부조사소에 들어와 있었다. 아침밥 한 상씩과 막걸리 한 동이를 가지고 그들이 모인 장소에 나갔다."

"내 생일이 무슨 기쁜 일이겠소만 여러 양반들이 장부를 조사하는 수고에 빠져 있음을 생각하고 이로써 한 때 정성을 표시하오."

이어서 삼반관속들에게도 "흰밥과 고깃국을 먹였다."

오후에는 아전들이 근무하는 이청에서 군수 생일이라고 다담 한 상을 성대하게 들였다. 오횡묵은 여기에 소주 세 복자^{扇鑼}를 더하여 양반들에게 보냈다. 당시 소주는 지금 같은 희석식과 달리 쌀로 빚은 증류주여서 아주 고급진 술이었다.

함안 백성보다 착한 백성이 없다

그러나 밀린 조세를 둘러싼 밀당은 그 뒤에도 이어졌다. 대충 정리된 시점은 이듬해 1월 21일이다. 내야 할 사람이 죽거나 달아난 무망난판과 백성들이 떼어먹은 민포는 어느 정도 해결된 모양인지 감영에 올린 공문에는 아전들이 떼어먹은 이포만 나온다.

"이포 2만 냥 남짓 가운데 1만 냥은 토지 같은 재산으로 청산하고 족척들에게도 물렸습니다만 나머지 1만1300냥은 아전들에게 도저히 거둘 수 없어 백성들에게 배결하여 거두기로 하였습니다. 떼어먹은 놈들은 칼을 씌워 엄히 가두는 한편 성명과 금액을 기록하여 책으로 만들도록 했습니다."

감영의 평은 이랬다.

"아전들의 습속이 함안보다 악한 데가 없고 백성들의 마음이 함안보다 착한 데도 없다."

이와 함께 포흠을 저지른 아전은 낱낱이 거명하여 벌을 주게 하였으며 이미 다른 벌을 받고 있는 아전은 그 아들이나 손자를 이안吏案 =아전 명부에서 제적하여 다시는 아전 노릇을 못하도록 하였다.

14.
한 손에는 매
한 손에는 꿀

오횡묵의 대민 업무는 대체로 두 가지에 초점이 맞추어져 있었다. 하나는 조세를 공정하게 거두는 것이고 다른 하나는 백성들이 헐벗고 굶주리지 않도록 하는 것이었다. 받아내기 위해서는 족치고 때리는 형벌도 서슴지 않았지만 세심하게 보살펴 나누고 베푸는 데에도 열성을 다했다.

요즘 말로 하면 공정 조세와 복지 실현을 동시에 추진했다. 어쨌거나 하나는 받는 것이고 다른 하나는 주는 것이어서 얼핏 보면 서로 반대되는 듯하다. 하지만 둘은 긴밀하게 연결되어 있으며 근본은 조세가 아닌 백성이었다.

백성이 헐벗고 굶주리면 일을 하기 어렵고 일을 하지 못하면 조세 내기도 어려워진다. 마른 수건을 짤 수 없고 빈 뒤주를 털 수 없는 것과 같은 이치다.

백성들 살림살이는 그 자체로도 중요하지만 조세를 많이 걷기 위해서라도 먹고사는 문제를 내버려 두어서는 안 되는 것이었다. 오횡묶은 이를 정확하게 꿰뚫어 보고 있었다. 더불어 백성들 마음을 얻는 데도 능숙한 수령이었다.

형벌은 갈수록 고달프게

형벌의 주된 목적은 밀린 조세를 걷는 데 있었다. 당시 사정은 이랬다. 1889년 5월 17일 현재 못 거둔 조세가 삼반三班=아전들이 통틀어 1만 7000냥이고 백성들도 4만 냥이 넘었다. 그렇지만 그간 되질하여 거둔 것은 고작 8000냥 남짓뿐이었다.

형벌은 수위를 점점 높였다.

"첫째 날은 묶어서 계단 앞에 두었고 둘째 날은 기왓장 위에 무릎을 꿇려 앉혔다궤좌와상跪坐瓦上. 셋째 날은 두 손을 묶어 나무에 매다는 현벌懸罰을 주었고 넷째 날은 매태쫌와 몽둥이장杖를 더했으며 밤마다 감옥에 가두었다."

미루어봐야 매질뿐이니 빨리 갖다바치는 것이 상수라는 다그침이었다.

2년 뒤에도 사정은 달라지지 않았다.

"거두지 못한 각공전이 3100냥이 넘는데 …불시에 별점고를 내려 빠짐없이 모조리 와서 기다리라고 명령하였다. 그런 다음 떼어먹은 사람들을 모두 잡아들여 묶은 다음 무릎을 꿇렸더니 당일 거둔 것이 900냥이 넘었다. 참으로 형벌은 없어서는 안 되는 것이다."1891. 3. 15

하지만 즐겁거나 기껍지는 않았다. 하기 싫어도 억지로 해야 하는 수령 노릇이었다.

"모두 잡아들여 모진 방법으로 등골추髄을 벗겨내듯박剝 하였다. 시급히 밀린 조세를 걷어야 하기 때문에 형벌을 엄하게 하지 않을 수 없

다. 그러나 차마 못할 짓이니 살을 에듯 마음이 아프다."^{1889. 10. 23}

"하나씩 잡아들여 조세를 바치도록 곤장을 치고 가두었다. 그러나 이제 보리농사가 겨우 시작하여 돈 나올 길이 매우 어렵다. 생민들의 사정과 형편을 관에서 몰라 이러겠는가! 봄 사이에 불쌍하고 가여운 마음이 더욱 간절하였다."^{1890. 4. 27}

죄인에게도 꿀물을 내려주고

이렇게 형벌을 혹독하게 하면서도 오횡묵은 백성들 마음을 얻을 수 있었다. 예나 지금이나 사람들 심정은 다르지 않다. 누구나 차별을 싫어한다. 오횡묵은 대청 위에서 다스리는 사람이나 계단 아래 마당에서 다스림을 받는 사람이나 똑같이 대우할 줄 알았다.

1890년 5월 18일 꿀 한 항아리와 복분자 한 상자가 선물로 들어왔다.

"때마침 조세 거두는 일 때문에 해당 색리와 면별 집강 그리고 미납한 작자 40명 남짓과 감옥의 죄수獄囚 10명 남짓이 있었다.

곧 추달을 시작하여 매질杖쯤을 하려다 잠시 멈추고는 물에 탄 꿀과 복분자 한 자밤씩을 나누어주었다. 관아 손님 이하 대청마루에 있는 통인·아전·장교 수십 명에서부터 계단 아래 마당에 있는 관노·사령 수십 명과 여러 작자들 그리고 감옥의 죄수들에게 일일이 돌아가며 나누어주었다."

"가장 포복절도할 일은 곤장틀 위에서 볼기짝을 까고 있으면서도 머리를 숙이고 씹으면서 오히려 달게 삼키며 기뻐하는 것이었다. '너도 맛있는 줄을 아느냐?' '마땅히 감당해야 할 죄라서 매질이 아프지 않거늘 하물며 어질게 내려주시는 그 맛을 어찌 모르겠습니까?' 집강執綱들도 모두 수군거렸다. '가엾게 여겨 어루만지는 뜻이 타이르는 말씀에 넘쳐나니 매 맞는 이도 아픔을 알지 못하네.'"

1892년 윤6월 25일에는 이런 일도 벌였다. 날이 가물어 기우제를 연달아 지낼 때였다. 하늘에 빌려면 몸가짐을 정결하게 해야 하는지라 조세 거두는 것이 급하였어도 "매질태쬠과 곤장질곤梃은 멈추었다."

다만 "두 손을 묶어 나무에 매다는 현벌懸罰을 하였다. 날마다 수십 명이었다. 또 마루 위에는 글쓰는 아전들이 10명 남짓 늘 머물고 있었다." 오횡묵은 아전과 죄인을 구분하지 않았다. 하루 한 끼가 아니라 상당히 오랫동안 동등하게 대우했다.

"죄를 지었거나 공을 세웠거나 날마다 참외 3개씩 또는 떡·국수· 팥죽·육개장 같은 별식을 일체 똑같이 나누어 주기를 보름 동안 한결 같이 하였다. 현벌을 받는 사람들이 감탄하여 수군거렸다. '이같이 하나같이 보아주시는데 조세를 떼어먹는 몸이 되어 근심 걱정을 오래 끼치고 현벌을 받으니 사람이 아닌 것이다.'"

ⓒ서동진

진휼에 스며든 부정을 뿌리 뽑고

1889년 4월 26일은 가난하고 군색한 백성들에게 곡식을 나누어 주는 진휼賑恤의 종순일終旬日이었다. 당시는 진휼을 보통 한 달에 세 번 하였다고 하는데, 차례대로 초순·중순·종순이라 일렀다.

오횡묵은 공형과 담당 아전 등을 불러 분부하였다. '바로 나팔을 불어 먼저 온 사람들을 진장賑場에 불러 모아라.' "조금 있으니 늙고 약한 남녀들이 어깨를 부딪히며 잇따라 들어왔는데 다들 초라한 몰골이었다."

알고 보니 진휼에도 부정이 스며들어 있었다.

"해당 색리가 '앞에 열한 번째 진휼할 때4월 중순 줄여서 14석 영零으로 만들었는데…'라고 하기에 …손가락으로 되와 말을 재었더니 다른 것에 견주어 조금 작았다."

말하자면 정상보다 작은 되와 말을 써서 백성들이 받을 몫을 줄인 것이다. 굶주린 백성들에게 가야 할 쌀을 그만큼 빼돌린 셈이었다. 그래서 "(모자라는 쌀을) 채우도록 명령하고 아울러 당일 나누어줄 쌀을 잰 다음 차례로 굶주린 819명에게 나누었다. …마치고 보니 하나도 없어야 하는 쌀이 11말 영零이 되었다." 오횡묵은 말하였다.

'전날 떼어먹고 줄인 것이 오늘 11말 영零이 남았다. 전날 되가 가득 차지 않았으니 나누어주는 것이 고르지 못했음을 알겠다.'

이것이 다가 아니었다.

"설치한 진장에 들어오지 못한 굶주린 노약자가 수십 명이었고 …(정실에 따른 잘못된 처리로) 자루만 들고 패牌=증명기록가 없이 따라 들어온 사람이 30명이 넘었다. 마당 가득 하소연을 하는데 더없이 슬프고 참혹하여 남은 쌀을 나누어 주었다."

이듬해 5월 17일에는 사징전査徵錢=아전 등이 떼어먹었다가 들통나서 게워낸 돈을 헐어 백성한테 주기도 하였다. 1888년 사정전이 4598냥 4전 9푼인데 2350 냥은 바치고 남은 2248냥 4전 9푼은 감영의 허락을 받아 전체 4747 호에 집집마다 4전 7푼씩 나누어주었다. 그러고도 17냥 4전이 남자 쇠잔하고 패망한 동네에 더 주었다.

개별 구휼은 장터가 안성맞춤

1890년 9월 8일 함안읍성 동문 앞에 장이 섰다. 오횡묵은 엿과 돈 몇 닢을 궁색한 아이들에게 나누어주고 있었다. 마침 굽은 몸으로 앓는 소리를 하며 지나가는 노파가 있었다. 매우 불쌍하여 10전을 주니 '오늘은 한 번 배부르게 되었습니다' 하고 시장에 가서 밥을 사먹었다. 알고 보니 먹을 것도 없고 자식도 없는 할멈이었다. "이런 풍년에도 돌아갈 곳이 없고 돈 1전을 얻으면 금덩어리를 얻은 마냥 기뻐하니 우습고도 가련하였다."

석 달 뒤 장날 풍경은 사뭇 달랐다. 1890년 12월 28일 굶주리고 고달픈 이들에게 베풀 밑천으로 동전을 약간 준비하였다. 시전市廛에 와서 보니 모두 만족스럽고 편안한 기색이었다. 서너 번 돌아다니는 동안 겨우 구걸하는 아이 5명을 보았을 뿐이다. 처음 의도대로 돈을 몇 닢 주었지만 진짜 고달파서 그런 것은 아니었다.

1891년과 1892년에도 한 해 마지막 장날인 12월 28일에 시장에 나갔다. 풍년이 아니었는데도 춥거나 떠도는 이들이 없어 준비한 돈을 쓰지 못했다. 굶주리고 고단한 모습도 없었으며 모두 옷도 완전하고 몸도 충실하였다. 오횡묵은 세밑에뿐만 아니라 평소에도 이같은 장터 나들이를 자주 했다.

활쏘기 시합장도 나누는 자리로

오횡묵은 문과가 아닌 무과 출신이다. 활과 총을 쏘는 시합을 자주 베풀고 또 즐겨 구경하였다. 본인은 '활을 당기고 싶어도 병 때문에 할 수 없다'고 탄식하였지만, 병사들이 무예를 단련하기 위한 자리는 종종 마련하였다.

1891년 2월 22일 동문 밖 지과정에서 열린 활쏘기 시합에서는 함께한 사람들과 더불어 크게 베푸는 모습을 보여주었다. 어른은 물론 구경나온 아이들로도 모자라 학동들이 공부하는 향교까지 찾아가 챙겨주었던 것이다.

"가운데를 맞히거나 성적이 좋은 사람에게는 모두 …상을 베풀었다. 삼반관속 이하 …100명 남짓에게도 돈 10문씩 주었다. 구경하는 아이도 많았는데 앞으로 불렀더니 처음에는 바라만 보고 놀라 달아났다. 잡혀 온 아이들에게 5문씩 주니 달아났던 아이들이 앞다투어 모였다. 100명가량 되었는데 앞서 했던 대로 나누어주었다. 속담에 '돈이면 뱃속의 아이도 꾈 수 있다'고 하는데, 진짜였다."

향교는 지과정에서 2리 떨어진 데 있다.

"동재東齋까지 걸어가 학동 30명 정도에게 하나하나 이름을 물어보고 과자와 사탕을 방에 던져주었다. 자빠지고 엎어지면서 움켜쥐고 가로채는 바람에 강한 사람은 많이 얻고 약한 사람은 얻지 못하였다. 그래서 반드시 직접 손에다 주어 섭섭함이 없도록 하였다."

오횡묵은 별 생각 없이 한 달 뒤 3월 25일 다시 자리를 마련하였다. 그랬더니 뜻밖에도 어린아이들이 구름처럼 몰려들었다. 이전에 돈을 얻은 적이 있었기 때문이다. 오횡묵은 "마지못해 따로 상급을 주었는데 무릇 40꾸러미 남짓 되었다." 예나 이제나 어른아이 구분

없이 좋아하는 물건이 바로 돈이었던 것이다.

능멸하고 깔보는 데는 단호하게

이처럼 마음씨 넉넉하고 잘 베풀고 마음도 한 번씩 약한 오횡묵이
었지만 호락호락하고 만만하지는 않았다. 수령으로서 위엄을 지키며
처신할 줄 알았고 나아가 아전이나 양반들의 능멸은 단호하게 응징
했다.

〈함안총쇄록〉에서 가장 눈에 띄는 수령에 대한 능멸은 1890년 4월
12일 기록에 나온다. 대구감영을 향하여 가는 길에 백사면白沙面 평림
점(지금 대산면 평림리)에 들렀는데 거기서 사달이 난 것이다.

낮부터 비가 많이 와서 더 가지 않고 하루 묵으려 했는데 저녁이
지나서도 동네 담당 아전들이 코빼기도 보이지 않았다. 통인더러 알
아보라 했더니 돌아와 하는 말이 더욱 심각하였다. '집강은 깊이 잠
들었고 검독檢督 장교는 옷을 벗고 방에 있으며 고주인雇主人은 흙마루
위에 누웠는데 동수洞首는 보이지 않습니다.'

오횡묵은 이에 곧바로 체포·압송을 명령했다.

"동수는 와보아야 마땅하다. …관속인 집강과 검독은 내가 여기 있
다는 것을 들고도 전혀 거리낌이 없다. 이런 무리는 마땅히 엄히 징
계해야 한다. 장교와 주인을 결박하여 잡아보내 감옥에 가둔 다음
닭이 울기 전까지 와서 전말을 보고하라."

부임 초기에는 아전보다 양반들을 잡도리할 필요가 있었다. 당시
함안은 양반들이 남당과 북당으로 나뉘어 심각하게 다투고 있었다.
특히 북당은 수령의 인사권을 무시하고 이방 자리를 자기네 차지로

하려고 수작을 부렸다. 수십 명이 관아로 몰려들어 위세를 떨면서 수령을 업신여겼다.

그러나 이들은 곧바로 되치기를 당한다. 양반과 한 패가 되어 백성을 쥐어짜 뜯어먹으려 했으면 적당히 타협했겠지만 오횡묵은 그럴 생각이 전혀 없었다. 도발을 하자마자 그 자리에서 남·북당 모두 두더지 잡기 게임 하듯 때려잡아 버렸다.

1889년 4월 24일이었는데 "곤장을 치는 장졸杖卒에게 엄명을 내려 형장刑杖을 하나하나 잘 살펴 구별하도록 다짐을 받고 신장訊杖을 다섯 대씩 하였다." 신장은 신문訊問할 때 쓰는 비교적 작은 형장으로 무릎 아래를 때린다고 한다.

그런데 장졸이 헐장歇杖을 하는 것 같았다. 소리만 크고 실제로 아프지는 않은 매질이 헐장이다. 그동안 양반과 아전이 한통속이었으니 그 밑에서 일하는 장졸은 당연히 눈치를 볼 수밖에 없었던 모양이다.

물러설 오횡묵이 아니었다. 때리던 양반은 그대로 두고 장졸부터 잡아들여 "대곤大棍 일곱 대를 치겠다"며 혼쭐을 내었다. 그러고는 곧바로 남·북당 양반 6명에게 신장을 서른 대씩 안겼다. 마지막에도 5명은 풀어주었지만 북당의 우두머리 한 사람만큼은 칼을 씌우고着枷 감옥에 가두었다.

원님 코앞에서 벌어진 노름

노름은 당시 고을 원님에게는 어디서나 골칫거리였다. 노름은 지금보다 옛날에 더 큰 범죄였다. 농사지을 의욕과 시간을 갉아먹기 때문이었다. 그래서인지 오횡묵이 부임 두 달만에 발표한 교혁절목^{矯革節目}에도 노름이 들어 있다. 잘못된 폐단을 바로잡아 고치는 서른여섯 가지 규정인데 조세 관련이 대부분이었다.

"모든 잡기^{雜技=노름}는 당연히 꼭 엄금하고 만약 범하면 잡아올려 엄히 징계해야 한다. 안면이 받쳐 가려주고 보고하지 않았다가 탄로나면 해당 동수^{洞首}와 연주^{煙主=노름패 두목}도 중벌을 벗어나기 어려울 것이다. 속전^{贖錢=벌금}을 1인당 11냥 2전씩 모두 걷어 바칠 것."

오횡묵은 1890년 8월 1일에도 "투전^{投箋}·골패^{骨牌} 같은 물건을 낱낱이 끌어모아 모조리 불태웠다. 또 '시장 장사꾼들이 이런 물건을 사고팔았다가는 들리는대로 엄중처벌하여 발본색원하겠다'고 엄중하게 전령을 내렸다."

바뀌는 것은 쉽지 않았다. 엄중처벌은 가능했지만 발본색원은 불가능했다. 고작 두 달 뒤에 그것도 원님이 머무는 동헌 바로 옆에서 관노들이 일을 저질렀던 것이다.

"밤이 깊은 뒤 측간에 갔더니 급창간^{吸唱間} 창틈으로 밝은 불이 희미하게 보이는데 둘러앉아 황당한 모양을 짓고 있었다. 통인을 시켜 적발하니 과연 노비들이 강패^{江牌}로 노름을 한 것이었다. 모두 잡아 엄히 곤장을 치고 파면하였다."^{1890. 10. 9}

급창은 원님의 명령을 확성기처럼 크게 되풀이하는 사령^{使令=심부름꾼}을 말한다.

15.
검암마을이 품은
자연과 인물

검암俭巖마을은 지금은 가야읍이지만 오횡묵 당시는 산외면山外面이었다. 낙동강을 건너온 사람들이 함안읍성으로 들어가는 중요한 길목이기도 했다. 함안천과 검암천이 만나는 어귀에 있는 마을인데 함안천은 중심 물줄기이고 검암천은 가지 물줄기다. 두 물이 만나는 자리는 들판이 너르게 형성되기 마련이다. 옛날에는 무엇보다 농사부터 잘되고 보아야 했기에 넉넉하게 농사를 지을 수 있는 이런 자리가 좋았다.

함안군수 오횡묵은 편한 날이 없었다. 조세 걷느라 장부를 뒤적거리며 노심초사하고, 죄인들은 옥에 가두고 추달하였으며 사람이 죽는 옥사가 터지면 이리 뛰고 저리 뛰었다. 상관이 있는 병영(진주)·감영(대구)·통제영(통영)·조창(창원)으로 쫓기듯 돌아다녔고 밀양·울산·고성 등 다른 고을 겸관兼官까지 억지로 맡아야 했다. 날마다 쏟아지는 소송을 처리하느라 바빴고 양반과 아전들의 견제와 도발까지 대응하고 응징해야 했다. 〈함안총쇄록〉에는 이런 오횡묵에게 검암은 편안하고 시원하고 즐겁고 따뜻하고 넉넉한 동네였다는 기록이 이어진다. 이유가 무엇이었을까?

너른 들판에서 받은 상쾌한 첫인상

검암마을은 1889년 4월 21일 부임하는 오횡묵에게 첫인상을 강렬하게 심어준 동네였다.

"큰 하천大川이 동쪽으로 흐르기 시작하는 데가 검암동으로 상·중·하 세 마을을 합하면 100호 남짓 된다. 앞에 큰 들판이 있으니 땅이 기름지고 물이 넉넉해서 일곱 면의 백성들이 모두 여기서 농사를 짓는다. 가는 곳마다 보리를 심어 놓았는데 한 번 바라보니 패어 난 이삭이 밭이랑에 가득히 풍성하게 우거진 것이 상포上浦보다 나았다."

함안읍성에서 충순당정려각으로 이어지는 길.

널찍하게 탁 트여 시원하였으며 게다가 푸른 보리까지 싱싱하게 자라고 있어 무척 인상적이었던 모양이다.

앞에 나오는 '큰 하천^{大川}'은 지금의 함안천이고 뒤에 나오는 '상포'는 낙동강 건너편 영산 끝자락^{지금 창녕군 남지읍}을 가리킨다. 오횡묵이 전날 밤에 묵었던 데가 상포인데 여기 또한 두 물이 만나는 자리여서 꽤나 들판이 넓었다.

오횡묵은 상포에서 보리밭을 두고 "언덕과 들판을 바라봄에 끝없이 넓었고 때마침 남풍이 불어 밭두렁이 푸르게 물결치니 풍년들 조짐이라 가히 기뻤다"고 하였다. 그런데 검암에 와서 보니 그보다 더 좋은 데가 여기 들판이더라는 얘기다. 오횡묵은 검암마을에 이르러서야 함안 땅에서 처음으로 제대로 된 들판을 눈에 담을 수 있었다.

함안에서 처음 천렵을 누린 자리

오횡묵이 함안군수가 되고 나서 처음으로 천렵^{川獵}을 구경한 자리도 검암이었다. 1890년 6월 20일이었으니 햇수로 2년만이다.

"물이 깊이가 한 발 남짓 되어 고기잡이가 되지 않자 아래로 내려가 보^洑를 터뜨려 처음으로 고기를 잡았다. 내가 생각하기에 물이 아주 충분해서 주민들이 일부러 그렇게 하는 줄로만 알고 막지 않았다."

그런데 그게 아니었다. 물이 모자라는 데가 있었던 것이다.

"문득 한 아이가 흰 베옷에 맨다리로 달려와서 알렸다. '농사짓는 논에 물을 대지 못하는 사람도 날마다 있습니다. 바로 보를 좀 막아주십시오.'"

그래서 오횡묵은 곧바로 터뜨린 보를 도로 막으라 명령했다. 뜻하

함안천 건너편에서 바라본 동산정.

지 않게 실수를 하고 말았던 것이다.

　오횡묵은 이어서 선심도 베풀었다. 잡은 고기는 스스로 갖는 대신 "검암에 사는 백성 최수천崔壽天·문익권文益權·정상대鄭相大에게 나누어 주도록 했다. 어버이를 잘 섬겼기 때문이었는데 특별히 효도를 권장하는 취지였다. 나머지 몇 마리는 잡은 사람끼리 나누어 가지도록 분부했다." 여가를 즐기면서도 원님의 풍모를 잃지 않고 백성을 살뜰히 챙기는 오횡묵의 모습을 엿볼 수 있는 장면이다.

동네가 크다 보니 인물도 나고

검암은 들판이 너른 덕분에 일찍부터 사람들이 많이 모여 살았다. 당시 〈군지〉를 보면 검암에 사는 가구가 103호였다. 함안군 전체 109개 마을 가운데 남외南外(호가 많음=戶大)·신교新校(135호)·남내南內(115호)·주리主吏(106호) 다음으로 다섯 번째 규모였다. 이처럼 큰 마을에는 더불어 사귈 만한 인물이 없을 수 없다.

"검암의 감역監役 이용순李龍淳은 자가 사현士賢이고 호가 산음山陰이다. 단정하고 근실한 문사로 한 고을에서 추앙을 받고 있다."1889. 11. 13

또 "고을 선비 가운데 문학과 행의行儀로 칭송을 받는 60명 남짓" 가운데 한 명이기도 하였다.1890.5.13.

나라 위해 목숨 바친 그 선조

이용순은 임진왜란을 맞아 순절한 이령李伶, 1541~92의 후손이기도 했다. 〈함안총쇄록〉의 부임하는 날 일기에도 적혀 있는 인물이다.

"(검암 들판에서) 3리를 갔더니 이충순당 정려각李忠順堂旌閭閣이 있는데 검암에 사는 성산 이씨들의 선조다."

당시 〈군지〉 '인물人物' 항목에는 이렇게 나온다.

"임진년에 군장軍將이 되어 김해진성으로 달려갔다. 함락되던 날 서자들에게 돌아보며 말했다. '너희는 돌아가 처자를 보호하라. 나는 나라를 위하여 성을 지킬 것이니 의리상 떠날 수가 없다.' 그러고는 사절死節하였는데 부역 면제復戶를 받았다."

그런데 충신 인정이 오래된 옛날 일이 아니었다. 1889년 11월 13일

이충순당 정려각.

자 〈함안총쇄록〉을 보면 "지금 임금^{今上=고종} 무진¹⁸⁶⁸년에 이조참의^{吏議}로 증직^{贈職=죽은 뒤에 주는 벼슬}되었다."^{정려각 현판에는 무진년이 아니고 한 해 뒤인 기사년으로 되}어 있다. 그래서 이용순은 이날 분황^{焚黃}을 하게 되었고 오횡묵을 초청한 까닭도 여기 있었다.

추증을 하면 조정에서 정식 사령장과 그 부본^{副本}을 함께 준다. 분황은 누런 종이에 쓴 이 부본을 조상의 위패 앞에서 불사르고 아뢰는 의식이었다. 그날 오횡묵은 "공경하고 감탄하여 걸음을 하였고" 여러 이씨들은 오횡묵을 보고 "넘어질 듯 달려나와 맞이하였다." 바탕이 이랬던 까닭에 "산음과 더불어 잘 지낸 것이 하루이틀이 아니었다"^{1893. 2. 21}고 적을 수 있었던 모양이다.

오횡묵은 이런 이용순과 술과 밥을 같이 먹었으며 나아가 때때로 시도 함께 지으며 어울려 놀았다. 오횡묵과 이용순의 이런 사귐은 이례적인 것이었다. 〈함안총쇄록〉을 보면 지역 양반들을 오횡묵이 공무가 아닌 사적인 일로 만나는 경우는 드물었다. 시를 지으며 어울리는 것도 이용순을 빼면 고을 양반 전체를 대상으로 하는 공적인 성격이 대부분이었다.

"이용순이 매번 자기 거처에 다녀가라 했으나 들르지 못했다. …술을 내왔는데 안주가 아주 정갈하였다. 얼마 있지 않아 점심이 나왔다. 회는 신선하였고 구운 고기반찬은 깔끔하였다. 후딱 해치운 뒤에 내가 시령詩令을 내니 돌아가며 운韻을 불렀다."1890. 3. 10

여간 가깝지 않았던 이용순

1890년 6월 21일에는 농사 형편야색野色을 살피려고 검암에 갔다가 (이용순의) 서재에 들어가 시를 썼다.

"아! 그대의 줄기차게 샘솟는 재주가 어디 쉬운 일인가차군곤곤재난득嗟君滾滾才難得 / 부끄러워라! 나는 쓸쓸한 배움이 반 토막이네 괴아소소학반공愧我蕭蕭學半空"

이를 보면 이용순을 얼마나 각별하게 여겼는지 짐작할 수 있다.
그래서인지 친한 지인인 석성石醒의 아들 특달特達에게 공부를 가르쳐 달라는 부탁까지 할 수 있는 사이가 되었다.

"특달이 관아에서 공부도 않고 허랑하게 세월을 보내 근심스러웠다. 산음에게 맡기고자 석성에게 먼저 데려가게 하고 조금 있다 쫓아가 이씨 농장에 이르렀다. …특달을 산음에게 맡겨 여름공부를 하도록 부탁하였다. 산음은 이를 허락하였다."[1890. 3. 10]

이용순은 1892년 1월 26일 김천찰방金泉察訪 발령을 받아 임금에게 숙배하러 서울에 갔었는데 그때 오횡묵의 서울 본가에 가서 머물렀었다. 이때 가까워졌는지 같은 해 10월 19일 〈함안총쇄록〉에는 "찰방 이용순이 아들 극아와 서울에서 끊임없이 오래 지냈으므로 한번 정성스레 맞이하겠다는 요청이 있었다"고 적혀 있다.

게다가 "석성(지인)과 치영穉永(심복)도 심히 간청하였다." 그래서 "할 수 없이 허락하였더니 극아가 석성·치영 모두와 함께 이 찰방이 거주하는 검암에 가서는 늦게까지 시와 술을 주고받는 즐거움을 나누었다." 가족도 왕래가 있을 만큼 서로 각별한 인연이었다.

선조 25년 임진왜란 당시 김해성에서 순절한 이령을 기리고자 후손들이 건립한 검암리 충순당.

고려에 의리를 다한 조순도 검암에

검암에 있는 또다른 역사인물에 대해서 오횡묵은 〈함안총쇄록〉에 이렇게 적었다.

"생각건대 검암리에는 옛날 중군中軍 조순趙純이 살면서 두문동의 절의를 지켰다. 우리 태조 대왕이 '사람은 중군이면서 백이伯夷요, 땅은 검암이면서 수양首陽이네'라는 말을 빗돌에 실어 내려주었다고 한다."

백이는 은나라를 치려는 주나라 무왕에 맞서 은나라에 지조를 바친 중국 사람이고 수양은 백이가 동생 숙제와 함께 주무왕의 통치를 피해 숨어 살았던 산이다. 오횡묵은 시도 한 수 읊었다.

"위인은 원래 신령한 땅의 기운으로 난다네/ 한 검암에서 능히 두 인물이 났다네/ 조씨와 이씨가 전후로 마주함을 보게나/ 절의가 이리 빛나니 세상이 알고 받들었다네."

오횡묵이 〈함안총쇄록〉에 적어놓은 당시 〈군지〉는 좀더 자세하다. "요동 정벌에 좌중군佐中軍으로 참여하였다. 위화도에서 여럿이 회군을 의논할 때 '제후국藩國이 상국上國을 침범하는 것은 불가하고, 바꾸어 달라는 명령을 청하지 않고 갑자기 군사를 돌리는 것은 더욱 불가하다'고 하였다. 곧바로 고향으로 돌아와 문을 닫고 나오지 않았다. 태조가 등극한 뒤 여러 차례 불렀지만 나가지 않으니 집 앞에 하마비를 세우라고 특별히 명하였다. 1634년 덕암서원에 모셔졌다." 그러니까 '백이' '수양' 운운이 새겨진 빗돌은 하마비였다.

완천당 박 선생 유적비 비각. 왼쪽 작은 비가 조순장군비다.

충순당 정려각과 조순 장군비

검암에는 지금 조순 장군비와 충순당 정려각이 그대로 남아 있다. 오횡묵이 1890년 3월 10일 읽은 삼신재三新齋=이용순의 서재의 기판記板에는 제각각 '조중군 수양비趙中軍首陽碑'·'충순공 신정려忠順公新旌閭'라 되어 있다.

조순 장군비는 원래 자리는 모르지만 지금 완천당 박선생 유허비浣川堂朴先生遺墟碑 비각 안 왼편에 놓여 있다. 완천당 박선생은 한때 검암에 살다 고성으로 옮겨간 박덕손朴德孫이다. 1501년 사마시에 합격하여 진사가 되었으며 시로도 이름이 높았다고 한다.

조순 장군비의 앞면은 가운데에 '좌중군동지조공순유허비佐中軍同知趙

公純遺墟碑', 오른편에 '인중군이백이
人中軍而伯夷', 왼편에 '지검암이수양地
儉岩而首陽'이 새겨져 있다. 뒷면에
도 글자가 빽빽하게 적혀 있는
데 왼쪽 아래 끝자락에 '근서謹書'
글자가 희미한 것으로 미루어
행적을 담은 기록으로 여겨졌
다. 후세에 누군가가 새긴 것일
텐데, 또 유허비라고 새겨져 있
으니 따라서 태조 이성계가 하
사한 하마비는 아니라고 보아
야 하겠다.

조순 장군비. ⓒ문화재청

반면 충순당 정려각은 130년
전 오횡묵이 보았던 그 자리에
지금도 그대로 서 있었다. 보
통 정려각은 정면과 측면이 모
두 1칸씩인데 여기는 정면 3칸 측면 2칸이어서 상대적으로 큰 편이다.
안쪽 현판을 보니 오른쪽에서부터 세로로 두 자씩 '충신 증통정대부
이조참의 이령지각忠臣贈通政大夫吏曹參議李伶之閣'이 큰 글자로 적혀 있다. 그 왼
편에 세로로 '상지 육년 기사上之六年己巳', 다음에 중간 글자와 작은 글자로
'명정命旌'과 '경진庚辰', 이어 석 자씩 세로로 '증감찰 을유 가증贈監察乙酉加贈'이
라 하였다. 꿰맞춰 보면 당시 임금上=고종 6년1869 을유년에 왕명으로 정
려를 세우는 명정을 했고 경진년1880에 (사헌부)감찰을 추증하였으며 기
사년1885에도 품계를 올려주는 가증을 한 것이 된다.

정려각은 한국전쟁 때도 불타지 않았다고 한다. 오랜 세월을 견디

면서 부분부분 수리하거나 꾸민 적은 있어도 완전히 새로 지어서 오횡묵의 눈길을 받았던 것과 다른 건물이 들어서 있는 것은 아니라는 얘기다. 이처럼 오횡묵이 본 바로 그 건물이라 생각하니 130년 전으로 돌아간 듯 느낌이 새삼스러웠다.

충순당의 고조부를 기리는 동산정

이에 더하여 동산정東山亭도 있다. 오횡묵이 1890년 3월 10일 읽은 삼신재 기판에는 '성산 이씨 동산정'으로 나온다. 당시 〈군지〉의 '누정樓亭' 항목에는 '신정新亭'이라는 이름으로 "동지산에 있다. 만호萬戶 이희조李希祖가 지은 것이다. 관포 어득강의 육절시六絶詩가 걸려 있다"고 간략하게 나온다.

한강 정구가 함안군수로 있을 때1587년 편찬한 읍지 〈함주지〉는 '정사亭榭' 항목에서 '동산정·신정'이라는 이름으로 좀더 자세하게 다룬다.

"동지산 서쪽 기슭검암에 있다. 커다란 바위가 큰 하천의 양지바른 데에 병풍처럼 늘어서 있고 아래로 깊은 못이 잇닿았으며 앞은 큰 들이 확 트였다."

어득강이 육절시에 붙인 서문도 나오는데 드문드문 옮기면 이렇다.

"내가 1513년 봄에 함안군수가 되었다가 그해 겨울에 병이 위독하여 사임하였다. 그때 주인(이희조)에게는 다만 초정草亭 하나가 있었다. 몇 해 뒤 새로 정자를 지었는데 아주 널찍하다고 들었다. 그는 거제 등지에서 수군만호를 하다 부모를 위하여 그만두었다. 함께 놀던 옛날이 이제 다섯 해가 지났다."

초가 정자 말고 번듯한 새 정자는 1514~18년에 지었다고 보면 되겠다.

동산정. 충순당 이령의 고조부 이호성의 호가 동산이었다.

동산은 정자 주인 이희조의 할아버지 이호성^{李好誠, 1397~1467}의 호이다. 지중추부사 벼슬까지 했던 인물로 충순당 이령의 고조부다. 〈함주지〉 '우거^{寓居}' 항목에 "원래 김천에 살았으나 군현감 안여경^{安餘慶}의 딸에게 장가들어 하리^{下里} 동지산에 들어와 살았다. 나중에 늙어 김천으로 돌아갔는데 자손들이 함안 안팎에 번성하여 살고 있다"고 되어 있다.

동산정은 매우 멋진 정자였다. 지금 건물이 새로 지은 것이기는 하지만 마당에 바위가 그대로 있을 정도로 자연미를 살렸다. 또 절벽 위에 놓여 있어 눈맛이 시원스럽고 아래로는 배롱나무가 여럿 심겨서 꽃이 붉을 때는 안팎이 모두 화사하다. 들머리 느티나무는 의젓하며 아래 함안천 흐르는 물은 언제나 끊이지 않는다.

이렇게 자연이 아름답고 인물이 훌륭한 검암에는 황곡서당^{篁谷書堂}·검계정^{儉溪亭}·병산재^{屏山齋}도 있다. 옛날 건물은 사라졌고 모두 1960~80년대에 새로 지었다. 황곡서당은 한강 정구^{1543~1620}와 더불어 〈함주지〉 편찬을 했던 지역 선비 이칭^{李偁, 1535~1600}의 검암정사가 뿌리라 한다. 이칭의 호가 황곡인데 임진왜란 때 전사한 충순당 이령의 형이다. 이밖에 검계정은 이칭의 동생과, 병곡재는 이칭의 둘째아들과 관련되어 있다. 황곡서당 옆에는 이령 장군을 기리는 충순당도 크게 자리하고 있다.

옛사람의 호흡과 보폭을 지키면서 한나절 느긋하게 둘러보기 좋은 데가 바로 검암마을이었다. 유서도 깊고 아름답기도 한 검암마을에는 느티나무와 왕버들을 비롯하여 아름드리 노거수들도 곳곳에 풍성하다.

16.
가뭄 속 단비 같았던
무진정

 오횡묵의 행적을 보면 거의 쉬는 여가가 없었다. 하루에 100리 넘게 길 위에 있기도 하였고 자정 못 미쳐 해시^{亥時}에 햇불을 들고 돌아오기도 하였다. 어떤 때는 비를 쫄딱 맞기도 하였고 새벽에 잠자리에 들어 옷을 입은 채로 한두 시간밖에 못 자고 일어나기도 하였다. 바깥에서 업무를 보다 기운이 빠져 뒷산에 숨어 잠깐 쉬는 등 지쳐 떨어지거나 아파서 옴짝달싹할 수 없거나 땀이 비 오듯 쏟아지거나 하는 표현도 곳곳에서 튀어나온다.

 이런 오횡묵에게 무진정은 가뭄 끝에 내리는 단비와 같았고 사막에서 만나는 오아시스와도 같았다. 업무에 바삐 쫓기는 틈틈이 몸과 마음을 두루 편안하게 하면서 쉬고 즐길 수 있는 정자였다. 산도 좋고 물도 좋고 사람도 좋은 그런 자리였다.

무진정은 이처럼 전후좌우로 매우 커다란 바위 위에 자리잡고 있다.

부임하는 날 보았던 무진정

부임하는 1889년 4월 21일 오횡묵에게 처음 선을 보인 무진정은 날렵하고 그윽하였다.

"부자쌍절각 아래에 못이 있고, 못 가에 조그만 정자가 날아갈 듯 서 있는데 무진정無盡亭이라 한다. 집의執義 벼슬을 지낸 조삼趙參 선생이 창건했는데 초목이 깊이 우거졌고 대숲이 맑고 기이하였으며 기암괴석이 장관을 이루었다."

그 앞에는 삼반관속들이 모두 나와 있었다. 신임 군수를 공손하게 맞이하는 공식 부임 행차가 시작되는 첫머리였다. 관속들은 앞장서서 군물을 동원하여 풍악을 울리며 지위와 역할에 따라 대열을 이루어 함안읍성까지 행진하였다.

주세붕의 눈에 비친 최초 모습

〈함안총쇄록〉을 보면 오횡묵은 1889년 5월 21일 무진정에 처음 올랐다. 읍내 들판邑坪에 나가 열심히 농사지으라는 권농을 하고 돌아오는 길이었다. 둘러 보니 모내기는 순조로웠다.

"시냇물이 불어 넘치고 강가는 범람하여 모내기는 단지 사람 힘이 미치지 못하는 곳만 남아 있다."

하지만 보리농사는 반반이었다. "골짜기는 이미 수확을 마쳤으나 물가의 거두지 못한 보리는 모두 물에 잠겨 영영 버리게 되었다." 한편 걱정스럽고 한편 기쁜 국면이었다.

주세붕은 기문에서 무진정이 두 채라 하였지만 지금은 이처럼 정면 세 칸 측면 두 칸 크기 한 채가 전부다.

무진정에 올라서는 주세붕^{1495~1554}이 지은 기문^{記文}부터 먼저 읽었다. 정자 주인의 부탁을 받고 1542년 6월 지은 무진정기^{無盡亭記}였다. 거기에는 350년 전 처음 지은 당시 모습이 담겨 있었다.

"모두 두 채인데 서쪽은 온돌방을 하고 동쪽과 북쪽은 모두 창을 내었다. 창 밖에는 단^壇이 있는데 옥돌로 만든 바둑판^{玉局玉局} 같았다. 아래 푸른 절벽에는 대천^{大川=함안천}이 남쪽에서 흘러든다. 고여 있으면 밝은 거울 같고 (정자를) 둘러싸면 옥띠 같고 소리는 쟁그랑거리는 패옥 같다. 절벽을 돌아 북쪽으로 흘러 풍탄^{楓灘}으로 들어간다."

풍경은 어떠했을까?

"시내 바깥에 1000그루 정도 벽오동이 있다. 동쪽으로 소나무와 전나무가 10리에 걸쳐 울창하다. 남쪽으로 하늘을 받치는 우뚝한 산이 있는데 버금이 되어 뒤따를 만한 것도 없다. 북쪽으로 눈길이 천리까지 닿는 큰 들판은 보리가 패면 푸른 물결이 하늘에 하늘거리고 곡식이 익으면 누런 구름이 땅을 덮는다."

오횡묵이 본 달라진 무진정

읽고 나서 오횡묵은 이렇게 말했다.

"정자의 형편은 대체로 앞사람의 기록에 다 들어 있다. 다만 연대가 오래되었으니 지금 보는 바와 같을 수는 없다."

먼저 앞쪽 연못을 짚었다.

"네모난 못의 남쪽 반은 메워서 밭이랑 모양을 이루었다. 대개 들으니 처음에는 못이 둥글고 널찍했다. 조 씨들이 부강해지고 인재를 배출하여 온 고을을 짓누르게 되자 사람들이 모두 걱정하여 술사^{術士}

동아일보 1927년 6월 10일 자에 실린 무진정 사진. 날렵한 정자와 연못 속 조산이 선명하다.

들의 말을 따라 지역 양반들이 흙을 져다 부어 못을 메웠다. 그 뒤로
는 조 씨들이 많이 쇠퇴하고 부진해졌다는데 또한 이상한 일이다.”
　다음은 주변 조경이다.
　“둑 위의 나무들과 정자 뒤 세 그루 회화나무괴槐가 오래되고 무성
하여 그 전성기가 떠오르는데 전성기는 지금 보는 바와 같지 않았을
것이다. 다만 백일홍배롱나무 몇십 그루가 정자 앞에 나란히 심겨 있고
푸른 대가 숲을 이루어 정자 뒤에 총총히 서 있다. 모두 오래된 모
습은 없으니 아마도 중간에 심은 것 같다.”
　모두 기문에는 나오지 않은 것들이다.
　정자가 놓인 터도 살폈다. 이 또한 기문에 언급되어 있지 않다.
　“우뚝하여 거북 등 모양인데 돌 등뼈가 터져서 흙이 그 위를 덮고 있

다. 사방 모퉁이가 깎아내려져 있는데 암반이 매우 크고 단단하다."

마지막은 주변 풍경이다.

"남쪽 끝에는 읍내 사는 사람들의 집에서 연기가 빽빽하게 둘러 있고 북쪽으로는 큰 들판과 통하여 벼와 보리가 질펀하게 이어져 있고 아울러 산을 두르며 물에 잇닿아 있어서 다만 바람과 아지랑이가 끝없이 하늘거릴 뿐이다."

시도 한 수 읊었는데 몇 줄 옮기면 이렇다.

"주인은 오는 일이 적고 나그네는 많이 오니/ 지팡이 하나 짚고 동남쪽 난간에 서성인다네/ 섬돌을 두른 대숲은 푸른 피리를 부는 듯/ 연못 가득 연잎은 푸른 동전을 포갠 듯/ 바람 받으며 한 번 휘파람 부니 가슴이 시원하네."

무진정에서 보낸 즐거운 한때

1890년 3월 2일은 절기가 곡우穀雨였다. 곡우가 되면 얼었던 땅도 많이 풀리고 겨우내 말랐던 나무도 물을 한껏 빨아올린다. 풀과 나무는 새롭게 색깔을 갈아입고 덩달아 봄빛도 한창 좋아지게 되는 것이다.

오횡묵은 아침에 성산산성에 올랐다가 점심 무렵 무진정을 찾았다.

"들풀이 푸릇푸릇 부드러웠고 제방의 버드나무는 약간 누랬다. 화사한 바람과 고운 햇살이 산 경치를 더욱 화사하게 만들었다. 옅은 아지랑이와 가벼운 연기가 사람 마음을 흔들어놓아 시를 지었지만 완성하지 못했다."

점심 자리는 시를 짓던 도중에 마련되었다.

"주방 아전주리廚吏에게 술과 안주를 내라고 명령했다. 그러는 사이에 정자 주인 조 씨 네 사람도 술과 안주를 가져왔다. 자리를 함께하여 먹었고 먹기를 마치니 시가 이루어졌다."

"한가한 날 높이 올라 푸른 산색 마주하네/ 꽃은 봄을 시기하여 고운 웃음을 보내고/ 나비는 바람이 찰까 두려워 따뜻한 데로 날아가네/골짜기 안개 흩어져 아침에 비단을 이루고/문간의 버들 늘어져 석양에 이르렀네."

이듬해는 곡우가 3월 12일이었다. 마찬가지로 오횡묵은 무진정을 찾았는데 이번에는 함께한 일행이 좀 색달랐다. 아들인 학선과 지인인 석성과 함께 가면서 기생 금란錦蘭·채봉彩鳳을 끼워 넣은 것이다.

함안에는 기생이 없었다. 1890년 4월 15일 밀양에 겸관兼官이 되어 갔을 때 수청 기생들이 나와 인사를 올린 적이 있다. 이날 오횡묵은 '함안에는 본래 기생이 없어서 풍류를 즐기는 마당에 흥을 돋우는 일은 절대 볼 수 없다'고 적었다. 그렇다면 이 기생들은 다른 지역에서 오횡묵과 사적인 인연으로 왔을 것이다.

다른 일행은 "온종일 마음을 풀었"지만 오횡묵은 "오로지唯 계단을 오르락내리락 돌아다니며 꽃을 감상하였다." 〈함안총쇄록〉을 보면 오횡묵이 평소에도 기생을 좋아하기는 했어도 가까이하지는 않았다. 이날도 그랬던 모양이다. 더불어 기생이 왜 셋이 아니고 둘인지도 좀은 짐작이 된다.

무진정 앞에 있는 연못과 왕버들.

권학을 위한 잔치를 무진정에서

선비들을 위한 시회詩會 자리로도 활용되었다. 요즘으로 치면 경로 잔치 성격도 더해진 마당이었다. "마을의 경험 많은 노인들이 마음을 후련하고 명랑하게 탁 터놓기 위하여 노인연老人宴:국가 차원에서 80살 또는 90살 넘은 이들은 모시려고 벌였던 잔치을 본보기로 삼아 한 번 모두 모여 술 마시고 읊조리자는 취지"1890. 3. 16였다.

"모든 훈장訓長들에게 봄이 무르익은 3월 27일에 무진정으로 모이라고 일렀다. '하루 단란하게 지내면서 마음 속 깊은 정을 넉넉히 풀어놓고 실컷 봄술에 취하며 …관민官民이 모두 하루를 즐기지 않을 수 있겠는가?'"

3월 27일의 잔치는 아침 일찍 오횡묵이 남여藍輿를 타고 나가 숲속에 장막을 치는 것으로 시작되었다. 선비들이 와서 명함을 올리고 나가 모였는데 오시午時가 되지 않았는데도 300명가량 되었다.

"선비들에게 점심값오료午料으로 30문씩 주었는데 청포 입은 젊은이와 머리 허연 늙은 선비, 붉고 푸르게 입은 아이들이 꽃나무 그늘 아래에 무리 지어 모여 눈썹을 찌푸리며 사색하거나 무릎을 치며 읊조리는데 시는 완성하는 대로 예리소禮吏所에 갖다 바쳤다."

"미각未刻13~15시이 되자 본읍의 먼 데 사는 선비들과 이웃 고을의 문사文士들까지 소식을 듣고 뒤늦게 왔는데 매우 많았다. 역시 모두 점심값을 주라고 명령하였다." 그러나 정작 본인은 "혼자 여러 사람을 대하는 수고를 견디지 못하여 잠시 정자 뒤편 소나무 우거진 한적한 데로 물러났다."

이날은 흥겹게 어울려 노는 것이 원님의 임무였다. 사람 마음을 얻는 일이 거기에 있었다.

"땅거미가 비끼며 새소리가 드물어지니 바야흐로 사람들이 목이 마를 때였다. 노주(醪酒) 네 동이와 북어 안주를 모인 자리에 풀고는 술잔이 돌 때 음악을 연주하여 즐겁게 하였다. '사람은 많고 먹을 것은 적어 아쉽지만 …한 잔 술을 어떻게 마시느냐에 달려 있다'고 하였다."

"조금 있으니 쇠잔한 노을이 붉은 빛을 거두고 먼 곳은 연기가 푸른 빛을 지우고 있었다. 지인 둘과 더불어 시냇가로 가서 바람을 쐬며 관동에게 술 한 병을 다시 사오게 하였다. 술이 세 번 돌아감에 함께 시를 지었다."

오횡묵은 이날 무척 기분이 좋았다.

"고을의 어진 선비들과 종일 좋은 숲과 정자에서 수작하여 기쁘고 즐겁게 친분을 나눌 수 있어서 나는 눈썹이 펴지고 가슴이 탁 트이며 맑아져 환하게 시비(是非)를 터득한 것 같다."

군수 떠나가는 전별연도 무진정

1893년 2월 3일 오횡묵은 본인이 고성군수로 전근 발령을 받았음을 알게 되었다. 보통 2년 안팎이면 임기를 채우고 떠나는데 오횡묵은 고을 사람들이 사정하는 바람에 임금이 한 번 더 하라 하여 3년 10개월을 함안에 머물렀다.

2월 21일 고을의 부로(父老)와 문사들이 전별을 위하여 수백 명이 모였다. 읍성에서는 다 수용할 수가 없어서 무진정에 자리를 마련하였다.

"아침 늦게 내가 지인들과 더불어 나가니 젊은 선비와 백발노인이 정자를 둘러싸서 가득하였다. 술이 반이나 되자 시를 할 수 있는 사람들이 모두 운자(韻字)를 말해주어 대략 펴서 이별의 정을 올리게 해

주기를 원하였다."

그러나 오횡묵은 그러지 말자고 하였다. 시를 잘 짓지 못하는 사람을 위한 배려였다. '시를 잘하는 사람도 있고 못하는 사람도 있으니 반드시 시령詩令으로 곤란하게 해서는 안 될 것이다. 또 시담詩談으로 회포를 푸는 데 도움이 되기보다는 시가 없이 자기 감정조차 잊어버리는 것이 낫다.'

하지만 "포시晡時에 대여섯 시인들이 스스로 운을 뽑아 나에게 보이거늘 운자를 이미 뽑은지라 약속을 깰 수밖에 없었다."

봇짐장수 대회도 무진정에서

무진정은 이처럼 고을 원님과 양반들이 독차지한 것처럼 여겨진다. 하지만 그렇지만은 않았다. 1891년 4월 22일자 〈함안총쇄록〉을 보면 "무진정에서 보상褓商대회가 열렸다. 노래와 술을 즐겼는데 모인 것이 1000명 남짓이었다. 낮에 음식물을 갖추어 와서 바쳤다."

보상은 봇짐장수라 하는데 보자기에 싸서 이거나 질빵에 걸머지고 다녔으며 이와 달리 등짐장수라 하는 부상은 물건을 지게에 짊어지고 다녔다. 보상과 부상을 묶어 보부상褓負商이라 하는데 이들은 전국과 지역에 상단 조직을 단단하게 갖추고 있었다. 1899년 상무사商務社라는 이름을 갖추게 되는데 이는 상공회의소의 전신으로 취급된다.

〈함안총쇄록〉에는 이들 보부상이 나쁘게 적혀 있다. 오횡묵은 1889년 6월 29일 고치고 바로잡아야 할 서른여섯 항목에 이르는 '교혁절목矯革節目'을 발표했는데 서른네 번째에 보부상이 나온다.

"시골 마을에 작폐를 하여 연악燕樂을 베풀고 돈을 거두니 평민들의 걱정이 없지 않다. 만일 이렇게 작폐를 하면 동네에서 결박하여 잡아올려 훗날의 폐단을 막아야 한다."

무진정은 무진정 이수정은 이수정

〈함안총쇄록〉에는 무진정 말고 여러 이수정이 나온다. 한자는 다르지만 실물 이수정은 하나다. 그런데 어찌된 일인지 무진정을 두고 이수정이라 잘못 알고 있는 사람들이 적지 않다.

〈함안총쇄록〉을 보면 무진정과 이수정은 별도로 존재한 다른 정자였다. 이수정은 관아에서 5리에 하나씩 두었던 관설官設에 가깝고 그 바로 옆에 무진정은 함안 조 씨 집안에서 지은 사설私設이었다. 일제강점기에 이수정은 없어졌고 무진정은 살아남았는데 그로부터 혼동이 시작되었으리라 짐작된다.

"이수정二水亭이 있는데 옆에 조씨 부자쌍절각父子雙絶閣이 있다. 아비는 충신 조계선趙繼先이고 아들은 효자 조준남趙俊男이다.(사실은 거꾸로) 곁에는 충노대갑지비忠奴大甲之碑라고 새긴 작은 비석이 있다. 대강 들으니 임진왜란(사실은 정묘호란) 때 주인(조계선)이 싸우다 죽자 대갑이 돌아와 널리 부고를 하였다고 한다. 비각 아래에 못이 있고, 못가에 조그만 정자가 날아갈 듯 서 있는데 무진정이라 한다."1889. 4. 21

〈함안총쇄록〉에는 이수정도 여러 번 나온다. 오횡묵이 부임 이튿날 읽은 〈군지〉에 "이수정二水亭이 관아 북쪽 5리에 있다"고 되어 있었다. 또 1889년 5월 6일에도 "일수정一藪亭은 말산동에 있고 이수정二藪亭은 괴항동에 있고 삼수정三藪亭은 객사 앞에 있다"고 언급되어 있다.

1891년 5월 2일에도 이수정이 등장한다. 오횡묵이 부임 2년을 넘긴 시점에 다른 데로 발령이 나리라 짐작하고 서울 본가로 향하는 장면이다. "길을 떠나 이수정二藪亭에 이르니 삼반관속들이 아울러 와서 송별하였으며 조 씨들 수십 명은 길을 막고 남아 있어 달라고 요청했다."

1892년 9월 25일 중전의 생일을 맞아 축하행사를 베풀 때도 나온다. "사각에 이수정二藪亭에 나가 삼반관속과 고을 유생 280명 남짓에게 급료로 3전씩 주었고 구경나온 어린아이 200명 남짓에게도 5문씩 주었다. 나머지 피곤하고 병든 사람들로 마당에서 보고 있는 이들에게도 일절 베풀었다."

이렇게 서로 다른 정자임이 분명하지만 오횡묵이 군수를 하던 당시에도 둘을 혼동하는 기미가 뚜렷하였다. 1891년 3월 12일 무진정에서 놀았는데도 지은 시에서는 이수정이라 했다.

"병든 사내병부病夫가 중향관함안 관아의 책실에서 심취心醉하니/ 나그네의 시가 이수정二藪亭에서 이루어지네."

앞서 1890년 3월 27일에도 시회를 베푼 자리는 무진정이었으나 시를 책으로 묶을 때는 이수를 이름에 넣었다.
"관아로 돌아와 시를 모두 모아 하나로 편집하여 '이수시총二藪詩叢'이라 하였는데 무릇 300수 남짓이었다."

17.
한강 정구 놀던
별천계곡

　오횡묵보다 300년 가량 앞선 시기에 함안에서 군수를 지낸 한강 정구寒岡 鄭逑 1543~1620라는 인물이 있다. 남명 조식과 퇴계 이황 모두에게서 배웠고 따로 한강 학파를 이룰 만큼 대단한 사람이었다. 역대 함안군수 가운데 인품과 학문이 가장 빼어나다는 평가를 받으며 함안 사람들은 지금도 한강 정구를 많이 기억하고 높이 받들고 있다.

　정구는 〈함주지咸州誌〉와도 떼려야 뗄 수 없는 관계를 맺고 있다. 1586~88년 함안군수로 있으면서 지역 역량을 끌어모아 〈함주지〉를 편찬했던 것이다. 함안의 산천과 인물·문화·산물을 담은 〈함주지〉는 지금껏 남아 있는 우리나라 읍지邑誌 가운데 가장 오래된 보물이다.

한강 정구와 지역 선비들의 합작품 〈함주지〉

　〈함주지〉는 함안을 기록유산의 고장으로 만든 일등공신이다. 편찬은 1587년 마무리되었으나 간행은 임진왜란이 지난 1600년에야 이루어졌다. 한강은 1580년 창녕 현감으로 있을 때도 〈창산지昌山誌〉라는 읍지를 만들었다. 그런데 〈창산지〉는 세월이 흐르면서 없어졌지만 〈함주지〉는 사라지지 않고 남았다.

창녕 사람들은 〈창산지〉를 지켜내지 못했지만 함안 사람들은 〈함주지〉를 지켜낸 것이다. 먼저 후배 군수 두 사람이 크게 이바지했다. 이휘진李彙晉, 재임 1738~43·이덕희李德熙, 재임 1837~41 두 군수가 100년 안팎 시차를 두고 〈함주지〉 증보판을 찍어냈다.

또 함안문화원에 따르면 조용숙趙鏞淑, 1895~1960이라는 분이 다시 100년이 지난 1939년 인쇄하였다. 일제강점 아래였지만 널리 보급하기 위해서였다. 덕분에 1950년 한국전쟁을 맞아 함안이 쑥대밭이 되는 난리통을 겪고서도 〈함주지〉가 살아남을 수 있었다.

〈함주지〉를 펴내는 과정에서도 함안 사람들의 이바지는 작지 않았다. 한강은 일찍이 〈함주지〉 서문을 통해 기초 자료 수집은 본인이 했지만 편찬·제작은 지역 선비들과 합동으로 했다고 뚜렷이 밝혔다.

한강이 놀았던 별천계곡

별천別川계곡은 함안에서 한강의 자취가 가장 뚜렷하게 남아 있는 곳이다. 별천은 여항산에서 시작된 물줄기가 너럭바위를 만나면서 지어낸 명승이다. 바위를 구르는 물소리는 명랑하고 아래위로 넓게 트인 암반은 시원하다. 수풀은 우거져 좋은 그늘을 만들었고 내리쬐는 햇살은 고루 퍼져서 따사롭다.

별천계곡 각자바위. 왼쪽 비석부터 오른쪽 재실까지 글자가 띄엄띄엄 이어진다.

정구가 나들이했던 흔적도 남아 있고 후세 사람들이 이를 기억하여 새겨놓은 각자도 뚜렷하다. 이처럼 놀기 좋은 자리에 으뜸 수령 한강의 자취까지 서려 있으니 후배 군수라면 누구나 한 번은 찾아 놀고픈 유적이었을 것이다.

오횡묵은 부임 2년이 다 되어서야 별천계곡을 둘러볼 여유가 생겼다. 봄이 무르익는 1891년 3월 9일이었다.

"별천은 한강 정 선생이 머물러 놀던 자리다. 수석이 꽤 신기하다는 말을 듣고 한 번 보고 싶었으나 보지 못하였다. 오늘 석성石醒=지인인 김인길과 함께 강지康社에 이르러 진해를 버리고 길을 가서 물을 따라 들어갔더니 돌길이 위태롭고 비탈져서 가마가 겨우 들어갈 수 있었다."

여기 진해는 지금 창원시 마산합포구 진동면 일대를 이른다.

오횡묵은 바닥에 금계錦溪라 새겨져 있는 주리 서촌 시내를 지나 사각ﾋﾙﾘ에 별천에 이르렀다. 고을 안팎의 선비 여섯이 먼저 와 있었고 시냇가 넓은 바위에는 주민들거인居人이 천막을 쳐놓고 있었다.

오횡묵은 선비들과 일대를 산보하며 두루 살펴보았다.

"근원은 여항산에서 나온다. 두 골짜기가 여기에서 합하여진다. 반석盤石이 손바닥처럼 평평하다. 아래로 펼쳐지는 삼분의일은 물이 머무는데 바위는 100명 남짓이 줄지어 앉을 수 있다."

골짜기를 따라가니 한강의 자취가 있었다.

"물가 바위에 함안군수 정아무라 새겨져 있으나 거의 다 마멸되어 사라지고 '함안咸安' 두 글자만 희미하게 알아볼 수 있었다. 말구유마조馬槽와 일산을 꽂았던 구멍식산혈植傘穴도 옆에 있는데 또한 한강 어른의 유적이라 한다."

세로로 '知郡蔀人吳宏黙지군채인오횡묵'이라 새겨져 있는 바위면.

산기슭에도 있었다. 물가 것은 한강이 손수 남겼고 산기슭 것은 후세 사람들이 한강을 기려 남겼다.

"산비탈 바위면이 담벼락처럼 많이 서 있는데 '한강장구지소寒岡杖屨之所'라 새겨져 있다."

장杖은 지팡이, 구屨는 짚신이니 지팡이 짚고 짚신을 신은 채 천석泉石을 돌아다니며 자연을 누린다는 뜻이다.

그윽하고 아늑한 별천계곡.

오횡묵이 놀았던 별천계곡

오횡묵의 눈에는 별천이 어떻게 비쳤을까?

"계절은 늦봄이라 부드러운 바람이 화창하였다. 붉은 산마루와 초록빛 시냇물이 서로 비치니 매우 사랑스러웠다."

도착한 시각이 사시^{巳時=오전 10시 전후}였으니 햇살도 좋았을 것이다.

기분이 좋아져 술밥을 일행과 함께하고 시도 지었다.

"운^韻으로 심^深을 얻었는데 땅이 그윽하고 깊기 때문이다. 주리^{廚吏}와 관동이 일찍부터 시냇가 꽃을 따서 떡을 부치더니 낮이 되자

올렸다. 몇 순배 술이 돌고 골동반^{骨董飯=비빔밥}이 또 나왔다. 어느덧 석양이 산에 걸렸고 시령이 매우 급하여 짓는 대로 올렸다."

오횡묵은 온종일 술을 낮게 마시며 세게 놀았다. 〈함안총쇄록〉 어디에서도 흐트러진 모습은 좀처럼 나타나지 않지만 이날만큼은 "관아로 돌아오니 이미 술각^{戌刻}이었는데 쓰러지듯 누워서 고달프게 앓았다^{퇴와 음비頹臥吟憊}."

이용탁·조원·이문갑과 양천 등이 새겨진 바위. 위쪽 튀어나온 데 있는 양천 두 글자는 잘 보이지 않는다.

시집도 묶어내고 글자도 새기고

오횡묵의 별천 나들이는 한 번으로 그치지 않았다. "앞선 별천의 놀이에서 좋은 경치를 모두 찾지 못하였고 군에서 함께 감상할 사람도 많이 참석하지 않았기"^{1891. 3. 20} 때문에 "이 날 다시 한 번 놀기로 하고 …사각^{巳刻}에 냇가에 이르자 문사들 가운데 모인 사람이 20명 남짓 되었다."

그러고는 시문을 지어 책으로 모으기로 했다. 이름은 〈별천속유록別川續遊錄〉이라 붙였다. 전말과 성명을 자세히 기록하고 관아로 돌아오니 바로 저녁종^{혼종昏鐘}이 울릴 때였다. 전말에는 오횡묵이 별천을 찾은 까닭이 적혀 있다.

"의연한 모습과 훌륭한 정사에는 미치기도 따르기도 어렵다. 하지만 (선생이 노신) 산수에서 그 경관을 놀며 구경하는 것은 발이 있으면 밟을 수 있고 눈이 있으면 볼 수 있다. 하물며 잘 돌아와 얻는 바가 있으니 바로 백세까지 이어지는 기풍을 느끼고 피어나고 일으키는 것이다."

선생의 드높은 경지에는 미칠 수 없으니 기풍만이라도 제대로 느끼고 싶다는 것이다. 제목에 나오는 '이어질 속續'을 보면 한강에게 바치는 헌사獻詞임이 분명하다. 한강의 별천 나들이에 이어진 한바탕 놀음에 대한 기록이라는 뜻이니 말이다.

한강의 유적에 대한 자세한 묘사도 남겼다.

"작은 시내가 비단을 펼친 듯 흐르다 멈춘 반석에 말^{두斗}처럼 오목한 데요凹는 선생이 말에 물 먹인 자리이며, 뚫린 구멍^{천용穿容}은 일산을 꽂았던 곳이고, '함안' 각자^{刻字}는 선생이 손수 새겼다고 한다."

〈별천속유록〉은 한 달 남짓 지나 쓰기가 마쳐졌으니 스물네 권을 필사하는 데 걸린 시간이다. 그러고는 "이렇게 만든 별천시품책자別川詩品冊子를 당일 모인 사람들과 추가로 시를 낸 24명에게 나누어 주었다."1891. 4. 25

받은 이들은 이렇다. 박용하朴龍夏 박영락朴永絡 양익수梁翊洙 조용진趙鏞振 이장록李璋祿 이수형李壽瑩 조성원趙性源 조성주趙性冑 홍병로洪秉魯 김인길金寅吉 조용해趙鏞海 박규환朴圭煥 이유겸李有謙 안제형安濟瑩 조성충趙性忠 이종화李鍾和 조성하趙性夏 조성호趙性昊 배문표裵文杓 안택중安宅中 안기환安箕桓 조익규趙益奎 이용순李龍淳 조의화趙義澕. 양익수·김인길은 바깥에서 온 오횡묵의 손님이고 나머지 대부분은 함안 고을의 선비들이었다.

〈별천속유록〉은 아직 실물이 확인되지 않았다. 오횡묵은 원본 말고도 필사본 스물네 권을 더 남겼다. 그렇다면 어디엔가 남아 있을 개연성이 상대적으로 높은 셈이다. 오횡묵의 별천 나들이에 동참했던 스물네 선비의 집안에서 찾아진다면 함안의 보물 목록은 더욱 풍성해질 것이다.

별천에서 한강을 기리며 놀았던 오횡묵의 감흥은 시집을 묶는 데서 그치지 않았다. 바위에 글자를 새기는 데까지 나아갔다.

"별천에서 놀며 즐긴 뒤에 마땅히 이름을 남기기제명題名로 하였다. 이날 나와 석성石醒의 이름을 새기는각명刻名 차에 구민소具敏邵를 보내어 일을 시작하도록 시켰다."1891. 4. 23

구민소는 수령이 부리는 아전이었다.

한강을 기리는 다른 각자들

별천 산기슭 바람벽에는 이밖에 다른 글자도 새겨져 있었다. '양천陽川', '선생지풍 거사지락 백년심취 천추유적先生之風 居士之樂 百年深趣 千秋幽蹟(선생의 기풍/ 숨은 선비의 즐거움/ 백년의 깊은 취향/ 천년에 남을 그윽한 자취)'에 '이문갑李文甲'·'조원趙瑗'·'이용탁李容鐸' 등 사람 이름도 함께 있었다.

오횡묵은 인물에 대해 "세 분이 바로 군에서 덕이 높은 어른으로 정자를 세우고 한가롭게 지냈으나 지금은 모두 돌아가고 정자 또한 돌보지 못하여 황폐해졌다고 한다"[1889. 3. 9]고 적었고 '양천'에 대해서는 "선생이 명명했다"고 적었다.[1891. 3. 20] 그러므로 양천은 별천의 옛 이름인 셈이다.

사언절구에 나오는 '선생先生'은 한강 정구를 일컫는다. 조원趙瑗, [1802~78]이 썼다는데 오횡묵보다 대략 한 세대 앞선 사람이다. 같이 적혀 있는 이문갑과 이용탁은 조원과 어울렸던 당대 지역 선비들이라 보면 된다.

오횡묵은 〈별천속유록〉 전말을 담은 서문에서 한강의 별천 나들이에 대한 함안 사람들의 각별한 기억을 이렇게 적었다.

"시냇가나 길거리의 아이들도 외워 얘기하고 또 고을 어르신들도 정자를 일으켜 기리거나 이름을 새겨 사랑한다. 지금부터 선생까지는 300년이 넘는데도 향기로운 자취가 남아 골짜기와 산마루에 빛난다."[1889. 3. 20]

별천계곡에 가면 지금도 〈함안총쇄록〉에 나오는 이런 자취들을 볼 수 있다. 물길 따라 올라가다가 너럭바위가 끝나는 상류의 두 물줄기가 합해지는 지점에 있다. 물에 잠겨 있는데 두 손으로 손가락이 겹치도록 만든 동그라미 크기로 구멍이 뚫려 있다. 켜켜이 사람이 깎아낸 흔적이 뚜렷한데 한강을 위하여 일산을 꽂은 자리라 한다. 그러나 '말처럼 오목한 말구유'와 '함안군수 정아무 각자'는 찾았지만 볼 수 없었다. 별천계곡 들머리여서 큰물이 지면 양쪽에서 바위가 통째 굴러내릴 정도라 자취가 흩어지고 깨어지거나 닳아서 그렇겠거니 짐작했을 뿐이다.

정구를 기려 바위에 새긴 각자는 올라가는 오른편 산기슭에서 찾을 수 있었다. 깎아지른 절벽과 계곡 너럭바위가 만나는 언저리에 위에서부터 송와처사^{松窩處士} 빗돌과 여강재^{黎岡齋=양천재} 재실이 나란히 있다. 빗돌 뒤편에는 '한강장구지소^{寒岡杖屨之所}' 각자가 머리 높이에 물기에 축축한 채 있었고 재실 뒤편 오른쪽 두세 길 높이에는 다른 각자들이 모여 있었다.

'양천^{陽川}'은 위쪽 튀어나온 데에 컸고, '선생지풍 거사지락 백년심취 천추유적^{先生之風 居士之樂 百年深趣 千秋幽蹟}'과 '이문갑^{李文甲}'·'조원^{趙瑗}'·'이용탁^{李容鐸}'은 아래 움푹한 데 작았다.(오른편 바위에는 '생원 김한종^{生員 金漢鍾}'과 아들 넷의 이름도 새겨져 있다.)

오횡묵 일행은 어디에 새겼을까? '한강장구지소^{寒岡杖屨之所}'에서 두세 발 떨어져 '지군 채인 오횡묵^{知郡 蔡人 吳宖默}', 다시 두세 발 떨어져 '진사 김인길^{進士 金寅吉}', 다시 또 두세 발 떨어져 '구민소^{具敏郡}'·'유치영^{柳致永}'이 새겨져 있다.

오횡묵이 가장 크고 김인길이 다음이며 구민소 등은 가장 작다. 지군은 군수를 뜻하고 채인은 오횡묵의 호였다. 김인길은 오횡묵의 지인인 석성의 본명이며 아전인 구민소 옆의 유치영은 오횡묵이 부렸던 민간인 심복이다.

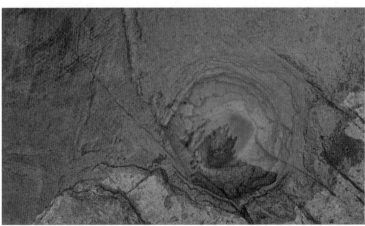

별천계곡 상류 두 물줄기가 합해지는 지점(위)과 일산을 꽂았던 구멍.

'경현대'까지 더해져서

여강재 앞 물가 커다란 바위는 오횡묵 이후에 한강에게 헌정된 유적이다. 한가운데에 '경현대景賢臺' 세 글자가 희미하게 적혀 있다. 금계 조석제錦溪 趙錫濟, 1848~1925가 1905년 '경현대서景賢臺序'를 썼고 이를 조건부 씨가 2010년 〈여항산-경상남도 함안군 여항면 향토지〉에 담고 한글로 옮겼다.

드문드문 가져오면 이렇다.

"1904년 9월 9일 선생에게 제사를 지내 존경하고 사모하는 정성을 나타냈고 고을 장로들이 선생의 장구지소에 경현대 석 자를 새겨 오랜 세월 읽을 수 있고 없어지지 않기를 바라는 뜻을 표현하였다."

정구와 오횡묵 등의 별천계곡 유적은 조치가 좀 필요하지 싶다. 가장 크게는 오른편 빗돌과 재실을 다른 데로 옮기는 것이다. 문중과 관련되어 있고 재산권도 문제가 될 수 있어 조심스럽지만, '원형'을 기준으로 보면 지금 이대로는 맞지 않다.

원래는 계곡을 이루는 너럭바위의 한 부분이었지만 토석으로 기초를 쌓고 재실과 빗돌을 세우는 바람에 본래 모습도 사라지고 가까이하기도 어려워졌다. 머릿속으로나마 지우고 보니 너럭바위가 시원하고 글자가 잘 보이는 것이 곱절은 더하였다. 여기에다 글자에 색도 입히고 안내판도 곁들여지면 금상첨화겠다.

18.
사랑 독차지한
원효암·의상대

원효암元曉菴과 의상대義相臺는 여항산이 북쪽으로 뻗어내리는 미산眉山 골짜기 가파른 비탈에 붙어 있다. 1950년 한국전쟁 당시 일대에서 북한군과 유엔군이 격전을 벌이는 바람에 불에 타서 칠성각七星閣 빼고 옛날 모습은 남아 있지 않다.

원효암·의상대는 찾는 사람이 별로 없어 한적하다. 하지만 130년 전 오횡묵 당시는 그렇지 않았다. 지금도 콘크리트 좁은 도로를 한참 올라가야 하는 깊은 산속인데도 그랬다. 오횡묵은 여기서 재를 지내기도 하였고 일반 백성들 또한 친근하게 여기며 즐겨 드나들었다.

오횡묵이 치성을 들였던 자리

1890년 1월 22일 아침 오횡묵은 왕대비의 생일을 맞아 하례를 올리고 밥을 먹은 다음 곧바로 원효암 치성처로 갔다. 경건하게 정성을

들이는 일건성사慶誠事을 시작하는 날이었다. 제사를 지낼 사람과 제물祭物
은 이틀 전에 올려보냈다.

"신각申刻=오후 4시 전후에 강회림姜晦林이 경건하게 정성을 들이는 일로 올
라갔고 통인 신응두申應斗와 관노 성용性容이 따라갔다. 제물로 향과
초, 백지白紙·장지壯紙 세 묶음한 묶음은 100장씩, 황소 한 마리, 삼색 비단
석 자씩, 삼색 과일과 쌀 한 섬, 그 밖에 제기와 자리 등을 새로 장
만하여 보냈다."1890. 1. 20

장소는 원효암·의상대가 아니고 여항산 꼭대기였다.

"회림이 올라가 황토로 삼층단을 쌓고 제물을 진설하고는 단소壇所
에서 재계하고 있었다. 내가 곧바로 단소에 올라가 회림을 보았는데
그가 재의를 입고 단상에 꿇어앉아 도량을 정리하니 매우 정결하였
다. 한 번 즐겁게 둘러보고는 그대로 암자에 내려왔다."

본격 치성은 한밤중에 이루어졌다.

"밤 자각子刻에 회림이 단에 올라 치성을 들였다. 이날부터 무릇 21
일을 밤마다 자시에 설행한다. 제사를 마친 뒤에도 물러나 별실에
거처하며 사람과 접하지 않고 말도 안 하니 정성이 참 극진하였다."
회림은 이렇게 밤길을 오르고 날마다 정성을 쏟은 끝에 한 달이 지
난 2월 23일에야 "산에서 내려왔다."

누구를 위하여 무엇을 빌었는지 구체적인 내용은 나오지 않는다.
제물을 마련한 주체가 오횡묵이라는 사실만 분명하다. 짐작할 수 있
는 실마리는 어렴풋이 남겼다. 첫날 새벽까지 재를 지내고 지은 한
시에 있는 일곱 글자다.

'**나라와 집안과 일신을 위하여**위국위가우위신爲國爲家又爲身'.

강회림은 어떤 인물일까? 회림은 이름이 아니고 호號가 아닐까 짐
작된다. 오횡묵은 1889년 6월 25일 여러 인물을 평하면서 "회림은

의상대. 바위 벼랑 위에 바짝 붙어 있다.

원효암 칠성각.

생김새가 빼어나고 어깨가 우뚝 솟은 미장부이며 말주변이 좋고 문장이 아름다워 태평성세에 조정에 나가 모범이 될 만하다"는 등 호평을 쏟아냈다. 같은 해 11월 7일에는 "나는 사귀기를 좋아하지만 50년 남짓이 되도록 오직 한 사람뿐이니 바로 강회림"이라고 써서 본인에게 주기도 하였다.

이렇게 믿고 좋아하는 사람이다 보니 자신이 발원하여 경건하게 정성을 들이는 일庚誠事을 대신 맡길 수 있었다. 회림은 이듬해에도 같은 일로 4월 7일 원효암에 올라갔다 사흘 뒤에 내려왔다. 부처님오신날 사월초파일에 맞춘 일정이었던 듯하다.

오횡묵의 눈에 비친 원효암·의상대

원효암은 지금도 그때도 자그마했다. 1890년 1월 22일 원효암 터에 이르른 오횡묵에게 원효암은 "작기가 손바닥만하게" 보였다. "다섯 칸 선방禪房인데 원효대사가 수도한 고찰로서 매우 청결하였다."

절간은 어지간하면 부처님 모시는 전각과 스님들 묵는 요사채가 따로 들어서 있다. 하지만 원효암은 너무 작아 스님들 묵는 선방이 불전을 겸했다.

"암자는 법당이 없고 다만 선방 한 칸의 탁자에 작은 금불상 하나를 모셨다. 머무는 스님과 찾아온 속인은 불상을 모신 방에 묵었다. 또 곁방이방耳房이 하나 있어 거처하였다."

원효암 근처에는 바위와 샘이 있었다.

"남쪽으로 수십 걸음에 암석이 축축 늘어져 있고 우뚝하게 튀어나온 큰 바위 아래에는 샘이 있었다. 맛이 매우 깨끗하고 차서 마시면 이가 시리고 향이 뱃속까지 퍼져 더러움을 씻어준다. 황홀하여 신령을 생각하도록 하고 꽃비가 온 몸에 두루 퍼지는 것을 문득 깨닫게 한다."

멀리 떨어져 있지 않은 의상대는 상태가 좋지 않았다.

"동쪽으로 활 한 바탕 거리일무지=武地=대략 100미터에 50길 석벽 위 홀로 우뚝 선 네 칸 암자가 있는데 의상선사가 수도한 의상대. 오래되고 무너져내려 매우 황량해 보였고 수리해야 마땅하지만 스님은 힘쓸 방도가 거의 없다고 했다."

의상대 바로 옆에는 소나무와 바위가 있었다.

"서쪽 지척 석벽 위에 소나무가 한 그루 있는데 열 길 남짓 높이에 수십 아름 크기다. 위로 삼층으로 가지와 줄기가 지붕처럼 축축 늘어졌는데 암석 사이에 뿌리를 내리고 그림처럼 울창하였다. 아래에 암석이 있고 가운데가 솟아 방석 같다. 의상이 일찍이 불경을 읽었다고 한다."

일반 백성들에게도 각별했던

이처럼 바위와 암자, 소나무와 샘물이 어우러져 있는 원효암과 의상대는 둘이 아니고 하나였다. 이런 두 절간을 즐겨 찾은 것은 오횡묵도 마찬가지였고 함안 백성들도 다르지 않았다.

오횡묵은 1892년 7월 14일 이렇게 적었다.

"내일은 백종白種이다. 토속에 원효암에서 목욕하면 상서롭지 못한 것들을 제거할 수 있다고 한다."

그러나 "관속들은 공무에 매여 그렇게 할 수 없었다." 오횡묵은 크게 선심을 썼다.

의상대사가 앉아 불경을 읽었다는 방석 모양 바위.

"풀어 보내고 마음껏 놀다가 다음 날 오시에 돌아와 대령하라는 뜻으로 분부하였다."

백종은 갖은 과일과 채소가 많이 나서 모든 씨앗을 두루 갖춘다는 뜻이다. 백중이라고도 하는데 바쁜 논메기가 끝나고 여름 농한기라 할 수 있는 때이다. 불교에서는 세상을 떠난 조상의 영혼을 천도하는 법회를 여는 우란분절로 삼는다.

견우와 직녀가 한 해 한 번 만나는 칠석에도 함안 사람들은 원효암을 찾았다. 주인공은 여자가 아니고 남자, 어른이 아니고 아이였다.

"부중府中의 남자아이들은 대부분 원효암으로 달려가 치성을 들이고 바깥 마을에서도 그렇게 하는 이가 많다. 이것이 이 고을의 풍습이라 한다."1890. 7. 7

함안에 하나뿐이었던 절간

이처럼 원효암과 의상대는 상하 구분 없이 두루 즐겨 찾는 절간이었다. 물론 자리잡은 데가 멋지고 좋기도 하기 때문이었다. 하지만 한편으로는 함안 사람들에게 달리 찾아갈 사찰이 없다는 사정도 한몫을 하였다.

오횡묵이 1889년 4월 22일 부임 이튿날 읽은 〈군지郡誌〉에서 확인된다.

"원효암:미산眉山에 있다. 의상대암:미산 위에 있다. 바위와 산봉우리가 기이하고도 예스럽다. 경계가 시원하게 트였다. 천연으로 생긴 석문이 있어서 절승으로 세상에 이름이 났다."

이밖에 주리사主吏寺·미산사眉山寺·사자사獅子寺·아현사阿見寺·청송사青松寺·심원사深源寺·은적암隱跡庵·홍성사興聖寺·약사암藥師庵도 나오지만 모두 '지금은 없다^{금무수無}'고 적혀 있다. 그리고 대사^{大寺}가 하나 현존한다고 적혔는데 "위치가 여항산 남쪽 기슭^{남록南麓}이다." 당시는 함안군 비곡면^{比谷面}이고 지금은 창원시 마산합포구 진전면이다. 함안 사람들이 찾아가려면 여항산을 넘어야 했다.

원효암·의상대는 언제부터 있었을까? 기록을 보면 아무리 올려 잡아도 임진왜란이 끝난 1600년대가 상한이다. 함안군과 창원대학교 박물관이 2006년 펴낸 〈문화유적분포지도-함안군〉에 "창건 연대는 미상^{未詳}이며 사기^{寺基}에 의하면 1370년에 세웠다"고 되어 있으나 사실이 아닐 가능성이 높다.

먼저 1530년 간행된 〈신증동국여지승람〉에도 나오지 않는다. 함안군 조항 '불우^{佛宇}' 항목에 주리사·미산사·사자사·아현사·청송사만 적혀 있다. 1587년 편찬된 〈함주지〉에도 존재가 없다. 거기에는 존폐 여부를 떠나 주리사·미산사·사자사·아현사·청송사에 더해 송방사^{松坊寺}·북사^{北寺}·쌍안사^{雙岸寺}만 있을 뿐이다.

원효암과 의상대가 나오는 것은 〈함주지〉 2권이 처음이다. 오횡묵이 읽은 〈군지〉와 비슷하게 적혀 있다. 〈함주지〉 1권이 편찬되고 150년 가량이 지나 이휘진^{李彙晉}이 1738~43년에 함안군수로 있을 때 증보된 내용이다.

원효암 주지스님은 허풍을 떨고

실태가 이런데도 스님들은 허풍을 쳐댔다. 절간 작명부터가 원효·
의상이라는 신라시대 걸출한 두 스님의 이름팔이일 수 있다. 1890년
1월 22일 오횡묵을 만나서 주지스님 인오^{仁旿}가 한 말들이다.

"의상선사의 밥은 반드시 하늘에서 내려왔다. 하루는 원효가 와서
설법하다 가려 하자 의상이 만류하여 함께 배불리 먹자고 하였다.
때가 지나도 내려오지 않아 오래 기다리다 원효가 갔다. 뒤에 선녀
가 공양하러 내려오니 의상이 '오늘은 무엇 때문에 늦었는가?' 물었
다. 선녀가 '화엄신장이 허공에서 호위하여 멋대로 들어올 수가 없
었다'고 답하였다. 의상이 '아차! 원효가 이룩한 도가 정묘^{精妙}한 것을
생각 못했구나' 하였다."

"원효가 열반할 적에 '이 암자가 남김없이 무너져 내릴 때는 나는
반드시 세상에 있지 않을 것이다' 하였다. 중생들이 지금까지 전해오
면서 승속^{僧俗}을 막론하고 나이 든 사람들은 모두 '내가 어렸을 때 노
인에게 듣기를 암자 서쪽 버팀목이 무너지면, 당장이라도 이 암자는
무너질 것이다'라 하였다. 내가 어렸을 때도 들은 적이 있다. 이 모양
으로 무너져내린 지가 몇백 년인지 모르니 참 이상한 일이다."

이밖에도 이상한 얘기는 많았다. 여색을 탐하거나 개고기를 먹은
사람이 오면 한밤중에 50길 아래 구덩이로 던져지는데 그래도 상처
는 없다든지, 험준한 산악이지만 호랑이나 표범이 나오지 않는다든
지, 의상·원효와 동시대 인물인 윤필^{允筆}이 가까이에서 도를 닦았다
든지 하는 말들이다.

인연은 한 번으로 끝나지 않았고

원효암·의상대는 뒷배가 든든하지 않았다. 1890년 1월 22일자 〈함안총쇄록〉에서 오횡묵은 주지 인오 스님이 "한 해 전 7월에 해인사에서 왔다"고 적으며 "본디 전토나 돈이 없어서 쓸 물건은 매번 본부本府=해인사로부터 가져왔다"고 했다.

이런 사정을 알고 오횡묵은 1890년 윤2월 3일 의상대 수리를 위해 공형을 불러 분부하였다.

"해가 갈수록 무너져 내려 하루도 못 버틸 것 같다. 스님들이 도와달라 여러 차례 간청했지만 지금까지 도와주지 못했다. 관아도 특별하게 수십 냥을 시주하고 각청들도 이를 따라 다소나마 도움을 주어야겠다."

오횡묵은 민간에서 금품을 거두는 것도 독려하였다. 시주할 사람을 모으도록 권선문勸善文을 지었다.

"만세토록 경건히 비는 이 땅을 황무지가 되게 할 수는 없지 않은가? 재산은 가볍고 의리는 중하다는 말을 들은 적 있나. 복전福田을 넓혀 여러 생에 즐거움이 끝이 없기를. 지혜의 달이 길고 밝게 시방세계를 두루 비추네."

그리고는 1890년 8월 27일 올라가 보았다. "결구結構가 정밀하고 시내와 산은 채색을 더하였다. 새로 산신각山神閣 한 채를 지었는데 더욱 기이하였다." 한시도 읊었다.

"남여로 삐걱대며 가파른 산 깊숙이 올라가네/ 스스로 시주가 되어 보태니 더욱 기쁘네/ 내 소원은 산왕으로 이곳에 편히 지내며/ 때로 도력으로 이 백성들을 구제하고 싶네."

원효암·의상대는 오횡묵 이후로도 명승으로 꼽혔다. 〈동아일보〉 1927년 6월 10일자 "위인걸사偉人傑士가 족출簇出하던 함안(3)"을 보면 "미산眉山의 원효암元曉庵 의상사義湘寺가 …절승絶勝으로 유명하다 한다"고 되어 있다.

앞서 오횡묵은 의상대를 중수하면서 산신각도 새로 지었다고 적었다. 그런데 이후 기록을 보면 산신각이 아닌 칠성각으로 나온다. 오횡묵이 잘못 적었을 수도 있고 산신각이 칠성각으로 이름을 바꾸었을 수도 있다.

〈동아일보〉는 1934년 7월 20일자에서 "의상대사 원효암에서는 대담한 절도범이 침입하여 칠성각에 걸어놓은 산왕화상 신중화상 석가화상 3매를 가져간 사실이었다"고 했다. 또 〈매일신보〉는 1935년 8월 17일자에 '함안의 명승 칠성각 낙성' 기사를 실었다.

이웃 고을 창원에서 옥사가 나서 원효암으로 몸을 숨기기도 하였다. 1892년 5월 15일이었는데 진주와 함안의 경계 성전암聖殿庵에 왔다가 이튿날 산족면山足面 신동申洞 도훈장都訓長 청재聽齋 조상규趙相奎의 집으로 옮겼다. 그러다 18일에는 "해각亥刻=밤 10시 전후에 달이 뜨기를 기다려 25리를 가서 원효암에 이르렀는데 밤인데다 길까지 험해서 후회하는 마음도 약간 들었다."

19.
기우제는
비 올 때까지

가뭄은 예로부터 인간 사회에 감당하기 어려운 고통을 안겨주는 엄청난 자연재해였다. 그나마 요즘은 과학기술이 발달하여 나름대로 대응할 방책이라도 있지만 옛날에는 그대로 꼼짝없이 당하는 수밖에 없었다.

재난을 맞닥뜨리면 대부분 백성들은 처음에는 나름 애를 쓰지만 한계를 넘으면 임금이나 수령을 원망하기 마련이다. 조세를 거두고 지배하고 명령하고 집행했으면 그에 걸맞게 책임을 지라는 것이다. 그렇지만 임금이나 수령인들 별달리 뾰족한 수가 있는 것은 아니었다. 효과가 있든 없든 하늘에 대고 비를 비는 제사를 올려야 했던 이유다.

기우제라 하면 지금 사람들은 한두 번 정도 치르고 말았으리라 짐작하지만 사실은 그렇지 않았다. 〈함안총쇄록〉에서 오횡묵은 모두 열다섯 차례 기우제를 올렸다. 공식으로 하루 걸러 한 번씩 열세 차례 기우제를 지냈고 그러고도 비가 내리지 않자 날마다 비공식으로 두 차례 더 지냈다.

조선시대 법전 〈경국대전〉과 예법서 〈국조오례의〉는 기우제를 열두 차례 하도록 되어 있는데 오횡묵은 이를 넘어섰다. 비가 올 때까지 지내기 때문에 성공률이 100%라는 이른바 '인디언 기우제'와 맞먹는 것이었다.

어느 날 보니 문득 가뭄이

오횡묵에게 가뭄은 갑자기 닥친 재난이었다. 일찍이 알았어도 대처할 방도는 없었다. 1892년 6월 19일 한여름에 입곡 숲안마을에서 읍성 돌아오는 길에 보니 그랬다. "비가 월초에 한 번 오고 지금껏 수십 일을 오지 않았다."

그래서 "봇도랑 가장 가까운 데 있는 논이나 겨우겨우 물을 대었다." 나머지 "조금 먼 논과 천수답은 한 번 보니 물이 졸아서 말라붙었다." 그런데도 "비 올 기미는 여전히 아득하였다."

밭도 마찬가지였다.

"삼베와 목화·콩·팥도 호미질을 해놓았지만 이미 모두 타서 마른 모양이 되었다." 그래서 오횡묵은 "오래된 깊은 산골인데도 들빛이 이렇게 될 줄은 미처 알지 못했"기에 "만만으로 걱정되고 고민스러웠다."

"하늘은 비를 내릴 뜻 없고 들은 푸른 빛이 없네/만인의 슬픈 울음 차마 형용 못 하겠네/ 내 그리 늙지 않았건만 머리가 눈처럼 희니/ 인간세상 살면서 불을 두 번 만났네."

농민들 들판도 불타고 자신의 머리도 불탔다는 얘기다.

마침 정신이 없기도 하였다. 열흘 전인 9일 진주·의령·고성·칠원에서 한꺼번에 옥사가 터졌다. 이에 곧장 창원 백련사^{지금 광산사}에 숨었다가 14일 한 발도 내딛기 힘든 산을 넘어 숲안마을로 옮겼다. 16일부터는 얹힌 기운도 있었고 17일 아내의 환갑을 맞아서는 함께 못하는 슬픔도 느꼈다.

몰래 쓴 무덤부터 파내고

비는 줄기차게 내리지 않았다.

"가뭄이 한결같아 방죽과 보에 물의 흐름이 끊어졌다. 모를 낸 논은 두레박을 매달아 물을 대기라도 하지만 모내기를 못한 데는 이제 영영 폐농할 지경이다. 목화와 밭에 심은 곡식들도 폭염에 바짝 말라 꽃도 피지 못하고 열매도 맺지 못한다."^{1892. 6. 27}

윤6월 첫날 오횡묵은 기우제의 효험을 높이는 작업에 먼저 들어갔다. 명산에 시신을 묻으면 비가 내리지 않는다는 믿음이 있었는데 그 경우 기우제를 올려봐야 효과가 없다.

"사직단^{社稷壇} 안산^{安山}에 올해 몰래 쓴 무덤이 많아 열둘이나 되는데 여러 사람이 의논하기를 이를 파내어야 하늘이 비를 내린다 하였다. 곧바로 관속들로 하여금 열두 무덤을 파내게 하였다."

기우제는 이튿날 시작하기로 하였다. 이날부터 오횡묵은 소송과 조세 거두기 등 공무^{公務}를 폐하였다. 아전들이 아침마다 수령을 모시고 아뢰는 조사^{朝仕}도 멈추었으며 매질·몽둥이질·곤장질 같은 형벌 또한 그만두었다. 문풍을 드높이기 위하여 거의 날마다 벌이던 시회詩會는 일찌감치 이틀 전에 접었다. 모두 기우제에 집중하기 위한 방편이었다.

시장도 전례를 따라 이설移設하였다. 동문 밖에 있던 읍장시를 남문과 가까운 태평루 앞으로 옮겼다. 음양오행설에서 시장은 음陰을, 남문은 양陽을 뜻한다. 시장읍을 남문양 가까이로 옮기는 것은 음으로 양을 눌러 역시 음인 비를 부르는 주술인 셈이다.

첫 기우제는 사직단에서

윤6월 2일 오횡묵은 "절기가 점점 늦어가는데 비가 올 기미가 막막하여 기우제를 시작하여야 한다"면서 "사유를 대구감영에 보고하였다." 아울러 동헌 북서쪽 가까이 있는 중향관衆香館=공문 등을 보관하는 책실에서 몸과 마음을 깨끗이 재계하면서 밥상도 소박하게 차려 먹었다.

제사 의식은 제사에 쓰일 물건을 살피는 것으로 시작되었다.

"사각巳刻=오전 10시 전후에 관복을 갖추고 객사에 나가 제물祭物을 감봉하였다." 보니 어마어마하지는 않았지만 규모를 갖추면서도 담백한 정도였다. "제물:흰쌀·기장 석 되刀씩 사슴포녹포鹿脯 석 줄조條, 마른 밤황률黃栗·대추대조大召·젓갈어염魚鹽·사슴젓녹해鹿醢 한 되씩, 무김치청저菁菹·미나리김치근저芹菹 석 되씩, 제사술 세 두루미, 돼지 한 마리. 폐백:삼베마포麻布 다섯 자, 황촉黃燭 한 쌍, 향 한 봉지, 황모 붓 한 자루, 참먹진묵眞墨 한 개, 참기름 다섯 움큼석夕, 축문지 한 장, 백지 다섯 장."

오횡묵은 이를 곱절로 늘려 본인의 남다른 정성을 나타내 보였다.

본격 기우제는 한참을 지나 한밤중에 올렸다.

"자각에 사직단에서 경건하게 기도하며 예식을 행하였다."

잔을 올리는 헌관獻官과 의식을 집행하는 집사執事들은 그대로 현재 향교의 임원인 재임齋任으로 거행하였다. 예식은 석전례향교에서 공자에게 올리는 의식에 근거하였다.

첫 기우제를 사직단에서 지낸 것은 의미가 있다. 사직단은 토지신과 곡식신을 모시는 제단이다. 토지와 곡식은 나라와 백성을 받침하는 근간이다. 그래서 사직단은 나라와 조정을 상징하는 존재였다. 임금의 조상을 모시는 종묘宗廟와 더불어서다. 또한 토지신과 곡식신이 함께하는 공간이니 토지에 비를 내려 곡식을 잘 자라게 해달라는 기우제의 첫 장소로 안성맞춤이었다.

나머지 기우제는 영험이 있는 데서

두 번째부터는 효험이 있는 데를 찾아다녔다. 4일 재차 기우제는 여항산 용연단龍淵壇에서, 6일 3차 기우제는 주물진主勿津 용단龍壇에서 지냈고 8일에는 벽사단壁寺壇와룡정臥龍亭에서 네 번째로 비를 빌었다. 지명에 모두 용이 나온다.

10일 5차는 매우 험준한 여항산 상봉에서 지냈고 12일 여섯 번째 비를 빈 장소는 벽사강壁寺江이다. 14일 7차 기우제는 사직단에서 지낸 뒤 16·18일의 8·9차 기우제는 여항산 용연과 주물단에서 지냈다. 주물단은 "풍탄楓灘 여울이 만 번 꺾어지는데 그 가운데 신룡神龍이 있었다."

20일 10차 기우제는 벽사단碧寺壇, 22일 11차 기우제는 여항산, 24일 12차 기우제는 와룡강臥龍江에서 지냈다. 26일 13차 마지막 공식 기우제는 주산主山 별단別壇에서 지냈다. 축문을 보면 "봉산 양지바른 데에봉산지양鳳山之陽 제단과 울타리를 새로 만들었다다유신설壇壇新設." 봉산은 동

©서동진

헌 뒤편^{서쪽} 비봉산으로 예부터 신령이 감응하는 자리였다.

용이 나오는 장소가 대부분이다. 지명에 용이 바로 나오는 데가 많다. 그렇지 않은 주물단도 주물진 용단과 같고 벽사단=벽사강도 와룡강=와룡정과 통한다. 용은 물속에 사는 신령스런 존재여서 제대로 응답하면 비를 내릴 수 있다. 여항산과 여항산 상봉은 용과 무관하지만 함안에서 하늘과 가장 가깝다. 하늘에 있는 신령과 잘 통하는 위치라 할 수 있다.

자이선에서는 비공식 기우제를

하지만 결과는 신통찮았다. 열세 번째 공식 기우제 다음날 감영에 보고한 공문이다.

"가뭄이 두 달 동안 지루하게 이어지니 들판과 습지가 모두 벌겋게 타버렸고 …지금 농사 형편은 참혹하여 차마 눈 뜨고 보기 어렵습니다."

오횡묵은 생각 이상으로 영리했다. 공문을 보내고 곧바로 "전공^{前功}이 아깝고 인사^{人事}를 다하지 않았으니 내가 또 따로 제사를 지내겠다"고 하였다. 아전들이 "명부^{冥府}가 반응이 없을 수 있다"며 반대하는데도 "나는 할 뿐이고 하늘을 어떻게 예측할 수 있느냐"며 밀어붙였다.

이런 계산이 있었지 싶다. '스무 날 넘게 기우제를 지냈는데도 비가 내리지 않았다. 비는 데 들인 공력이 헛수고가 되었으니 안타깝다. 달리 보면 그동안 비가 오지 않았으니 이제 때가 되지 않았을까? 조금 더 빌면 비를 만날 수도 있겠구나. 내리지 않아도 손해는 아니지. 백성들한테 그만큼 애썼다는 인상은 심어줄 수 있으니.'

오횡묵은 이어 "경건하게 정성을 들이는 예식은 사람들이 함께해야 하니 내가 홀로 삼헌三獻을 하는 대신 다음은 재임이 다음은 공형이 하는 식으로 하자"고 하였다. 재임은 향교 임원이니 지역 양반들이고 공형은 삼반관속이므로 고을 아전들이다. 이는 제사에 세 번 술잔을 올리는 삼헌에서 초헌·아헌·종헌을 수령·양반·아전이 저마다 나누어서 하자는 얘기다. 수령 단독이 아니라 양반과 아전까지 공동으로 주관하고 책임을 지는 것이다.

기우제 장소로는 자이선을 꼽았다. 오횡묵이 재발굴한 명소로 그 이전에도 수령들이 즐겨 놀던 자리였다. 오횡묵이 알아보지 못하고 새로 꾸미지 않았다면 그냥 민간에서 일상으로 신령에게 비는 공간에 그치고 말았을 것이었다. 풍수로 볼 때 "읍의 주룡主龍으로 예로부터 신령이 영험하게 응답한 자리였기 때문이다."1892. 윤6. 27

오횡묵이 기우제를 지냈던 자이선. 백성들에게 애썼다는 인상을 심어주고자 했다.

마지막 기우제에 비는 제대로 내리고

추가 기우제는 감응을 가져왔다.

"윤6월 28일 오각^{午刻=정오 전후}에 우레와 비가 일어났는데 잠깐 왔다가 잠깐 개이고 하였다." "7월 1일 새벽에 비가 오다가 도로 그치고 흐렸다. 두 차례 기우제를 지낸 나머지 비가 오는 은택을 입어 거의 해갈이 되었다."

비가 듬뿍 내린 7월 1일은 15차 기우제를 지낸 윤6월 29일 바로 다음날이었다. 오횡묵은 곧바로 "대중과 의논하여 정지하기로 했다." 거기에는 다른 까닭도 있었다. 또 본격 가을을 알리는 처서^{處暑}가 다음날이기 때문이었다. 당시는 '가을에는 절대 기우제를 지내지 않는다'는 규정이 있었다고 한다.

비는 줄곧 이어졌다. 4일은 "늦은 뒤에 가랑비가 왔다." 5일은 "오각 지나서 벼락이 치고 비가 왔다가 포시^{哺時=오후 4시 전후}에 그쳤다." 6일도 "비가 오다가 늦게 그쳤"으며 뒤이어 10일에도 "비가 왔다."

7월 11일 마산창 출장길에 보는 농사 형편은 이랬다.

"들판에 참새가 쪼아먹을 낟알도 거의 없을 것 같았는데 이제 백곡이 풍성하여 넘치도록 논고랑 밭고랑에 출렁인다."

그런데도 놀랍고 기쁜 줄을 느끼지 못하였다. "방금까지 기우제에 골몰해 있었고 백성들 걱정거리를 생각하고 있었기 때문이다."

그런데 "생각해 보니 그동안 비 내리는 은택이 늘 모자라기는 했지만 곧 그늘지고 볕나는 가운데 가만히 불려주고 모르게 길러주어 이렇게 되었다. 옛말에 '7년 가뭄에도 물 한 번 대어주면 효력이 있다'는데 참으로 그렇다."

빌지 않아도 내리는 비

비는 사람 마음대로 되는 것이 아니었다. 빌어도 오지 않고 빌지 않아도 오는 존재였다. 7월 16일부터 20일까지 내리 닷새 동안 끊이지 않고 비가 내렸다.

"반갑던 비희우喜雨가 도리어 괴로운 비고우苦雨가 되어 농민들에게 심히 민망하다." 그러고도 21일과 22일을 지나 23일 오전까지 쏟아지는 바람에 "시냇물이 불어서 가득하고 강가와 갯가에는 물이 넘쳤다."

양상은 골짜기와 물가가 달랐다. 당시 함안의 열여덟 면에서 여섯 면이 골짜기에 있었다.

"물을 대는 논은 물론 올벼와 늦벼가 차례로 이삭을 팼다. 가물에 말라 비틀어졌다가 절후가 급함을 고함에 일어났다. 콩과 팥은 알맹이가 들어앉을 기약이 없다."

강가 지대인 열두 면은 아무래도 피해가 더 컸다.

"전답에 여러 곡식을 한 번 보니 모두 물에 빠져서 영영 썩어 문드러지게 되었다. 목화는 알맹이가 맺혔으나 폭우로 물에 잠겨 대부분 수해와 한재를 당했다."

그래도 고맙게 풍년이 들어

그해 추석을 오횡묵은 함안에서 보내지 못했다. 백성을 제법 잘 다스리고 특히 조세를 제대로 거두어들인다는 평판이 났기 때문이다. 덕분에 다른 고을까지 떠맡는 겸관이 되어 추석 전날에 밀양으로 가야 했다.

밀양에서 오횡묵은 하필이면 시장에서 사람이 맞아 죽는 옥사까지 터져서 더욱 바쁘게 지냈다. 이런 곡절 끝에 함안으로 돌아온 날은 9월 2일이었다. 하루 전날 밀양을 떠나 창원에서 하루 묵은 다음 산익면^{지금 입곡군립공원 일대}에 이르니 풍년 풍경이 눈앞에 펼쳐졌던 것이다.

"가을걷이가 한창인데 들판의 정취가 풍요롭고도 즐거웠다. 여름 동안의 가뭄의 모습을 돌이켜 생각하니 이제 이 풍요로움이 어디서부터 왔는지 알 수가 없다."

가뭄과 장마를 번갈아 겪었는데도 이처럼 결과가 좋으니 기쁘면서도 어리둥절했던 것이다.

그러면서 "농민들이 고생스럽게 농사를 짓고 이루는 것을 비로소 알겠다"고 했다. 가뭄을 맞아 농민들이 물 한 방울 마련하려고 몸부림치는 애절한 모습을 눈으로 보았기에 이리 적을 수 있었다. 그래서 이날만큼은 "길에서 농민을 만나면 번번이 수레를 멈추고 위로해 주었다."

20.
기우제 지낸 자리
지금 모습은

가뭄은 모내기가 끝나는 5월부터 어린 벼가 쑥쑥 자라야 하는 6월까지 거의 두 달에 걸쳐 이어졌다. 하늘이 내린 재앙 앞에서 인간이 할 수 있는 일은 많지 않았다. 농토가 갈라지고 곡식이 타들어갔으며 사람들 마음 또한 그와 마찬가지였다.

오횡묵은 만사 제쳐두고 윤6월 2일부터 이틀에 한 번씩 기우제를 지냈다. 그 하루 전날부터 기우제가 끝날 때까지 공무는 일절 보지 않았다. 여기서 말하는 공무는 조세를 거두거나 형벌을 집행하는 등 백성들을 족치는 일이었다. 반면 백성들과 더불어 가뭄을 극복하려는 노력은 그치지 않고 이어졌다.

기우제 효력은 신통찮았고

처음 기우제를 지낸 윤6월 2일부터 마지막 열다섯 번째 기우제를 올린 다음날인 7월 1일까지 29일 동안 비가 내린 날은 10일이었다. 제대로 내린 것은 4일이 전부였고 오나마나 한 수준은 6일이었다.

4일 "한 번 밭을 갈만한 비가 왔지만 심각한 가뭄 끝이라 겨우 해갈解渴이 될 뿐이다." 20일 "소나기취우驟雨가 오고 빠른 번개가 쳤다. 밭을 한 번 갈 정도가 되어 매우 기뻤다." 26일 "벼락이 치고 비가 내렸다. 오늘 비가 해갈을 가장 잘해 주었다." 그리고 7월 1일에 "비가 오다가 도로 그치고 흐렸다. 비가 내린 덕택으로 거의 해갈이 되었다."

이밖에는 "소나기가 먼지를 적셨고"(2일) "비가 오고 흐렸다가 개였으며"(5일) "가랑비미우微雨가 드문드문 있었을 뿐이거나"(7·14·15일) "간간이 비가 뿌리는"(21일) 정도였다.

나머지 19일은 비가 없었다. "처음부터 밤까지 구름이 검었지만 비는 오지 않았다".(6일) 얼마나 간절하게 비를 빌고 기다렸는지 그 절절한 심정을 알 수 있다. 기우제를 지낸다 해도 그 정성만큼 비례해서 비가 내리는 것은 아니었다.

모두 어려울 때는 '고르게'가 최선

그래서 농사는 형편이 없었다.

"제방과 보가 마르고 벌판과 습지도 갈라져 다시 농사를 일으키려 해도 가망이 없어 보였다. 어쩌다 시내 가운데를 파서 두레박을 매달아 물을 퍼대지만 한 수레의 나무에 한 국자의 물을 뿌리는 것과 같았다. 모내기를 못한 곳은 모판이 타서 문드러지니 장차 벼농사 대신 다른 것을 파종해야만 하였다. 밭곡식은 잎만 남고 가을에 바랄 바가 없게 되었다."(6일)

이쯤 되면 들판에서는 물을 둘러싸고 전쟁이 벌어지게 마련이다. 물이 턱없이 모자라는 상태에서 자기 논밭에 조금이라도 더 물을 대기 위해서였다. 그대로 버려두면 세력이 센 쪽으로 치우치기 마련이고 민심 또한 걷잡을 수 없이 흔들리기 십상이다.

오횡묵이 오로지 '고르게^均'를 내세운 까닭이 여기에 있었다. 일찍이 불환빈 환불균^{不患貧 患不均}이라고들 하였다. 가난한 것^貧이 아니라 고르지^均 못한 것이 재난이라는 말이다.

"일찍 상평^{上坪}·대평^{大坪}에 나가 물을 대는 일에 고르지 못한 폐단^{不均之弊不均之弊}이 없도록 단단히 타일러 조심시켰다."(7일) 객관성 확보를 위하여 농민을 참여시키기도 하였다. "강한 쪽이 완전히 삼키고 약한 쪽이 모퉁이를 보고 돌아서서 하소연하는 일이 없도록 하기 위해서"였다. "수집사와 병교들을 따로 정하여 영기^{令旗}를 주고 부지런하고 성실한 농민 4명을 안동^{眼同=입회인}으로 삼아 나누어 보냈다."

11일에는 "상평^{上坪}·하평^{下坪}에 차례대로 나가 물 대기를 고르게 하라고 타이르면서 장교와 보^洑 감독관들을 따로 불러 모아 단단히 타일러 경계시켰으며" 23일에도 "읍 가까이 보가 있는 논에 나가 물을 고르게 대어 쓰라고 특별히 깨우쳐 일렀다."

열세 번째 기우제를 지낸 26일에는 "전후로 각처에 경건히 기도하며 오가는 길에 만나는 사람마다 고르게 물을 대라고 타일러 밝혔다"고 적었다. 기우제를 지내는 내내 그렇게 했다는 얘기다. 그러나 모두를 만족시킬 수는 없었으니 "물을 다투는 송사는 도리어 날마다 일어났다."

금품도 주면서 관폐 줄이기도

물대기를 고르게 하는 것만으로 충분하지는 않았다. 농민들이 힘을 낼 수 있도록 위로·격려할 필요도 있었다. 이때 요긴하게 쓰인 것이 돈과 담배였으며 때로는 참외도 동원되었다.

6일은 "돈을 1전씩 두레박질하는 사람_{고부雜夫}에게 주었다." 담배를 주었다는 기록은 7일 "담배를 한 단 별도로 주니 무릇 500명 남짓이 되었다"와 11일 "담배 한 단씩을 들에 있는 사람들에게 나누어 주었다"로 두 차례 나온다. 26일에는 당시로서는 귀한 과일이었던 "참외眞瓜를 농부들에게 나누어 먹였다."

민폐를 끼치지 않으려고 애쓰는 모습도 보인다. 기우제 규모를 조촐하게 했으며 동행하는 인원도 최소로 줄였다. "음식 등은 관아 주방에서만 갖추게 하였고 아랫것도 통인·관노·사령 1명씩만 데리고 민간은 함께하지 않도록 하였다. 다만 밤이 되어 돌아왔기에 어쩔 수 없이 초롱은 들어야 했고 그 일꾼이 4~5명이었다."(26일) 고을 수령은 행차 때는 어지간하면 가마를 타고 다녔다. 그렇지만 이 기록대로라면 기우제 때는 말을 타는 정도로 그쳤으리라 여겨진다.

기우제 자리는 지금 어디일까

오횡묵이 기우제를 지낸 장소는 모두 일곱 군데다. 비공식으로 지낸 14차와 15차의 자이선을 빼면 여섯 곳이다. 사직단(1·7차), 여항산 용연단=용연(2·8차), 주물진 용단=주물단(3·9차), 벽사단(와룡정)=벽사강=벽사단=와룡강(4·6·10·12차), 여항산 상봉=여항산

(5·11차), 주산 별단(13차)이다.

이 가운데 지금도 위치를 제대로 짚을 수 있는 데는 주물진 용단, 벽사단^{외풍정}, 여항산 상봉 세 곳이고 나머지 사직단, 여항산 용연단과 주산 별단은 아무리 해도 짐작만 가능한 정도다.

먼저 짐작만 되는 장소를 보면 첫째 사직단은 오횡묵이 부임 이튿날 읽은 〈군지〉와 한강 정구 주도로 펴낸 〈함주지〉에 각각 "서쪽 1리다"와 "서쪽 100걸음 즈음이다"고 나오는데 지금은 흔적이 없다. 둘째 여항산 용연단은 앞에서 말한 〈군지〉와 〈함주지〉 모두에 기록이 없으며 오횡묵은 기우제를 지낸 날 "15리 거리"라 적었다. 이것이 맞다면 여항산과 맞먹는 거리여서 그 산중이 되는데 위치를 특정하기는 어렵다. 셋째 주산 별단의 경우 함안의 진산은 여항산이고 주산은 비봉산이므로 비봉산 기슭에 따로 차렸던 제단으로 짐작된다.

주물진은 풍탄 나루

위치를 제대로 짚을 수 있는 나머지 세 곳 가운데 주물진 용단은 오횡묵이 읽은 〈군지〉 '방리^{坊里}조에 "마륜면^{馬輪面} 외동^{外洞}:30리다. 용암^{龍巖}에 기우단^{祈雨壇}이 있다"고 나오고 '단묘^{壇廟}'조에는 "주물단:북쪽 30리"라 적혀 있다.

주물진 용단=주물단에서 지낸 두 차례 기우제의 축문에는 모두 풍탄^{楓灘}이 언급되어 있다.

"저 풍탄을 돌아보니/ 푸른 절벽이 깎아지른 듯 서 있다."(6일) "풍탄 여울이 만 번 꺾어지니/ 그 가운데 신룡^{神龍}이 계신다."(18일).

풍탄^{법수면 주물리} 804-1은 법수산 일대에서 흘러내린 물이 들판을 지나

남강 건너편 의령에서 바라본 풍탄나루 상류쪽 바위절벽.

남강으로 합류하는 자리다. 1990년대까지 의령군 정곡면 백곡리로 이어지는 나루가 있었다. 지방도 1011호선의 부분이었는데 1995년 바로 옆에 백곡교가 놓이기 전에는 작은 승용차는 물론 커다란 시외버스도 여기서 배에 실어 건네야 했다. 당시를 일러주는 콘크리트 선착장이 양쪽에 자취로 남아 있다.

풍탄 바로 옆 북쪽 기슭에는 바위 절벽이 거의 수직으로 위태롭게 강가에 바짝 붙어 있다. 거뭇거뭇한 색깔인데 꽤 높아서 멀리 의령 쪽에서 바라보면 바로 식별이 되었다. 올라가서 이리저리 살펴보았더니 요즘도 무속인들이 기도를 바치는 모양이었다. 조촐하게 진설해 놓은 제물과 향초를 태운 흔적이 눈에 띄었던 것이다.

백곡교가 생기기 전에는 배가 버스를 싣고 건넜던 주물리 나루터.

기록 풍부한 벽사단(와룡정)

벽사단(와룡정)^{군북면 월촌3길 71-85}에 대한 기록은 〈함안총쇄록〉에 많이 나온다. 거기서 처음 기우제를 지낸 8일 "제단이 절벽 위에 있고 아래가 회담^{匯潭}이다. 제사를 지내는데 어떤 북소리 같은 소리가 들렸다. 제사를 마치고 집사들에게 물었다. '조금 전에 무슨 소리였나?' '소리가 물속에 있었으니 반드시 용이 읊조렸습니다.' '용이 하늘에 읊조려도 비가 오지 않으니 무슨 이치인지 이해하기 어렵구나' 하며 탄식했다." 두 번째 기우제를 지낸 12일에는 와룡정에서 잠깐 쉬면서 산족면 집강^{執綱}이 바치는 수박^{手朴}으로 더위를 씻기도 하였다.

이태 전인 1890년 3월 8일에는 경치가 뛰어나다는 소문을 듣고 몸소 찾아가기도 하였다. 와룡정 주인 황주영^{黃周永}을 만났고 그 아버지 황정래^{黃鼎來}가 1867년 생전에 정자를 세운 다음에 쓴 기판^{記板}도 읽었다.

황주영은 오횡묵에게 와룡정을 둘러싼 경관을 이렇게 설명했다.

"남쪽 방어산^{防禦山}은 푸르게 솟은 것이 마치 옥대를 맨 선인^{仙人}이 단정히 손을 꽂고 선 듯합니다. 북쪽은 산머리가 불쑥 올라왔다가 다리미 손잡이처럼 평평하고 둥근 것이 강에 들어가 멈추니 용머리 같아 용수산^{龍首山}입니다. 동쪽에 층층이 쌓인 암벽은 높이 100길에 길이 활 여러 바탕인데 적벽^{赤壁}이라 합니다. 서쪽은 빛나는 모래가 눈처럼 깔려 하얗게 보입니다. 모래가 다하면 갈대와 나무가 가득하고 손바닥처럼 평평한 뜰이 있습니다."

지금도 가면 이와 비슷한 느낌을 누릴 수 있다. 하지만 건너편 모래는 조금만 남았다. 갈대와 나무가 가득하던 데는 대부분 논밭이 되었다. 이쪽 강변 또한 거의가 농지로 바뀌었다. 따라서 용수산이

옛날 모습 그대로인 와룡정의 모습.

강으로 스며들던 자취는 찾아보기 어렵다. 와룡정은 옛날 모습 그대로지만 많이 낡고 허름해졌다. 옆에 자리잡은 절간 운흥사도 경관에 영향을 미치고 있다.

험하고 높은 여항산

여항산 상봉에서 기우제를 지낸 10일 오횡묵은 이렇게 적었다.

"산이 아주 험준하여 물고기를 꿴 듯이 올라가고 물고기를 꿴 듯이 내려왔으니 험하고도 높았다."

가파르고 좁은 것이 두 사람도 나란히 설 수 없을 정도여서 이렇게 표현했을 것이다.

2019년 5월 6일 올라가 보았더니 영락없이 그대로였다. 정상은 크고작은 바위로 온통 뒤덮여 있었다. 등산길은 봉성저수지 서쪽 좌촌

마을이 시작점이었다. 오횡묵도 아마 함안읍성에서 가장 가까운 이 리로 해서 올랐을 것이다.

이런 험준함은 〈함주지〉에도 실려 있다.

"산꼭대기 바위는 깎아지른 듯하다. 남쪽으로 뿔 같은 돌은 마치 낙숫물을 받는 돌 같다. 그 위는 조금 평평하여 열 사람 남짓이 앉을 수 있다. 사람들이 여기 다다라서는 두려워서 벌벌 떨며 어지럼증이 날 것 같다."

오횡묵은 기우제를 정상 바위에서 평평한 데를 골라 올렸을 수도 있고 능선 따라 북쪽 방향 300m 정도 지점^{헬기장} 아래에서 지냈을 수도 있다. 함안군·창원대박물관이 2006년 펴낸 〈문화유적분포지도-함안군〉에서 '여항단餘航壇'으로 표기된 자리다. 1587년 한강 정구가 제단으로 쌓았다는 돌무더기가 거기 있다.

여항산에서 내려다본 풍경. 앞에 봉성저수지가 보인다.

다시 700m 정도 능선을 타고 북쪽으로 갔더니 한쪽 벽이 허물어지지 않은 돌무더기가 나왔다. 〈문화유적분포지도-함안군〉에서 '여항산성II'라 적은 부분인데 정상에 자리잡은 '여항산성I'의 관문성으로 간주되고 있다. 하지만 그렇게 단정하지 말고 달리 볼 수도 있겠다는 생각이 들었다. 삼국시대 또는 통일신라시대 석성이라는데, 그것이 허물어지고 나서 이후 세대가 제단으로 재활용했을 수 있으니 말이다.

이번에 본 여항산은 소나무를 빼면 대다수가 소사나무였다. 오래된 나무는 없고 어린나무가 많았다. 1950년 한국전쟁 당시 미군이 북한군과 싸우면서 통째 불태웠기 때문이다. 그 뒤 식생이 새로 형성되면서 소사나무가 대세를 이루게 된 모양이다.

소사나무는 하늘을 향해 있는 힘껏 팔을 벌린 모습으로 숲을 이루었다. 아래는 조용하고 그윽하였으며 위로는 풍성하였다. 가지 사이사이로 햇살이 쏟아져 들어오면 느낌은 더욱 산뜻해지고 보기도 좋았다. 이토록 무리를 이룬 소사나무는 여태 본 적이 없지 싶다. 70년 전 아픈 역사를 품은 여항산과 함께 이런 소사나무를 잘 가꾸고 널리 알리면 좋겠다는 생각이 들었다.

여항산 소사나무.

21.
습지 정경 속
제방과 보

  함안은 습지의 고장이다. 예전에도 그랬고 지금도 그렇다. 낙동강과 남강이 함안을 감싸고 흐르기 때문이다. 오횡묵이 1889년 4월 22일 읽은 〈군지〉에도 나온다. '형승形勝' 조항에서 가장 먼저 "낙동강과 풍탄飄灘이 북쪽에 가로 놓여 있다"고 했다. 풍탄은 함안군 법수면과 의령군 정곡면 사이 물살(여울)이지만 여기서는 함안에 걸쳐 흐르는 남강 전체를 이른다.

  '형승' 조항은 이어 "여항산과 파산이 남쪽을 누르고 있다"고 적었다. 얼핏 보면 산은 습지와 상관이 없는 것 같지만 그렇지 않다. 높든 낮든 산이 있으면 골짜기가 있고 또 골짜기를 타고 흐르는 물줄기가 있을 수밖에 없다. 이런 물줄기가 평지를 만나면 이루는 것이 바로 습지다. 함안읍성을 중심으로 볼 때 여러 물줄기들은 대체로 여항산이나 파산에서 비롯되었다.

  그래서 〈군지〉는 '형승' 조항 마지막에서 함안 전체를 두고 "산비탈과 언덕이 서로 닿아 있고 들판과 진펄이 넓게 펼쳐져 있다岡阜相屬 原隰

광연岡阜相屬 原隰廣衍"고 적었다. 1587년에 만들어진 〈함주지〉에도 똑같은 표현이 나오는데 그렇다면 〈군지〉가 〈함주지〉를 베낀 셈이다.

오횡묵이 그린 습지 경관

오횡묵은 습지가 많은 지역이 아니면 보기 어려운 정경을 1889년 4월 21일 부임길에서부터 남기고 있다. 창녕 상포上浦=웃개=지금 남지에서 배를 타고 맞은편 칠원 상포上浦=지금 칠서면 계내리 373 칠서취수장 동쪽 일대에 내린 오횡묵은 8리를 가서 함안 땅을 처음 밟았다.당시 칠원은 함안과 다른 별도 행정단위였다.

'부촌뒷고개富村後嶺'였는데 이를 넘어 지금 대산면 부목리 일대에 이르러 "2리에 부촌" "1리에 남포藍浦"라 적었다. 여기서 색다른 정경이 나타났는데 말하자면 바다나 강가가 아닌 내륙에 형성된 어촌이었다. "붕어·잉어가 많이 나서 낚시꾼들이 날마다 모여드는데 생업으로 삼는 사람이 많다."

1리를 더 간 목지木池에서는 "마을 앞에 갯도랑포구浦溝이 있는데 얕은 데는 치마를 걷고 깊은 데는 배를 탄다"고 했다. 8리를 더 간 평림平林에서는 "여기까지 10리는 평평하고 질펀하고 나지막하고 파였다평연우함平衍汙陷"면서 전체 들판의 형세를 돌아보았다.

좋기도 하고 나쁘기도 하고

아직 근대 토목기술이 들여오기 전이었으니 "남강이 불어 넘칠 때마다 물난리^{로澇}를 겪고" "지난날에는 비옥한 농토^{옥전沃田}였으나 지금은 한갓 갈대밭^{蘆場}으로 바뀐" 지대였다. 갈대는 땔감이나 지붕으로 쓰였고 조정은 여기에까지 조세를 매겼다. "일곱 면面 노초장蘆草場=갈대밭 세금이 매년 700냥 남짓"^{1889. 5. 6}이었던 것이다.

오횡묵은 이런 악조건을 함안 백성들의 부담을 더는 방편으로 활용하기도 하였다. 1889년 7월 4일 대구 감영을 찾아 순찰사에게 이렇게 보고했다. "본군本郡은 물가浦에 열두 면이 있고 산골峽에 여섯 면이 있습니다. 물가 면은 남강과 낙동강 두 강 언저리에 있어서 비가 오면 범람하고 가뭄이 들면 말라버리니 가뭄과 큰물이 모두 재해가 됩니다. 산골 면은 땅이 척박하고 자갈밭이 많습니다." 형편이 이처럼 딱한데도 조세는 과중하니 줄여주십사 사정하여 결국 허락을 받아내는 오횡묵이었다.

당시 지명으로 따져보았더니 산골에 있는 면은 산익·병곡·상리·산내·산외·비곡면이었다. 또 물가에 있는 면은 내대산·안인·외대산·백사·마륜·대산·우곡·남산·안도·대곡·죽산·산족면이었다.

습지가 많다는 이런 특징이 이롭게 작용한 적도 있었다. 두 달가량 가뭄이 이어지는 바람에 하루걸러 한 번씩 모두 열다섯 차례 기우제를 지내야 했던 1892년 윤6월 23일이었는데 오십보백보지만 다른 지역보다 가뭄이 덜했다는 얘기다.

"농사 형편은 재앙을 알리는 수준이지만 사방 여러 읍들과 견주면 그래도 낫다고 하니 걱정만 하고 한숨만 쉴 것은 아니다." 한시로도 읊었다.

'지금은 땅바닥^{지저地底}이 축축한 것이 오히려 다행이니/ 저쪽 지경과 비교하면 이쪽이 낫구나.'

마을 쪽에만 있었던 옛날 제방

지금 제방을 보면 모두 하천 양쪽에 들어서 있다. 130년 전 또는 그 이전에도 지금과 같았을까? 그렇지는 않았던 것 같다. 근거는 천변에 남아 있는 마을숲들이다. 옛날 사람들은 하천 양쪽에 마을숲을 조성하지 않았다. 마을이 있는 한쪽에만 제방을 쌓고 그 위에 마을숲을 만들었던 것이다.

신교마을 쪽에서 본 제방과 '봉성들숲'.

농지도 제방 바깥쪽 마을이 있는 쪽에 주로 있었다. 제방 안쪽에
도 농지가 있었지만 걸핏하면 물에 잠기는 처지였고 나머지는 물이
흐르는 시내와 물이 고여 있는 웅덩이 또는 갈대·억새와 버들개지
같은 잡목이 우거진 황무지가 뒤섞여 있었다.

이런 사정은 1890년 4월 25일 오횡묵이 받아든 제언사堤堰司 공문에
서도 확인된다. 수리水利 행정을 총괄하는 중앙부서가 제언사였는데
지금 한국농어촌공사와 비슷하다. 하지만 지역 조직은 달리 갖추지
않아 군현郡縣을 통해 행정을 집행했다.

"토호土豪와 교활한 관리猾吏들이 제멋대로 제언 안에서 경작하여
봄에 물을 모아야 할 때는 '물에 잠긴다'면서 터서 새나가게 하고 여
름에 물을 대야 할 때는 '가뭄을 입었다'며 가로막아 통하지 않게 한
다. 심지어 경사京司=중앙 부서 소속이라는 핑계로 제방을 헐고 논을 만
드니 거의 막을 수 없다."

제언사는 이런 폐단을 금단하라는 취지로 공문을 보냈다.

함안천에 남아 있는 옛날 제방

함안향교 앞 신교마을이 들판과 마주치는 자리에 옛날 제방이 하
나 남아 있다. 마을 남서쪽 야산 자락에서 흘러내리는 계곡물이 함
안천으로 합류하는 지점이다. 함안읍성 남문에서 500m정도 거리
로 함안면 봉성리인데 이는 오횡묵 당시 상리면에 포함되어 있었다.
2014년까지만 해도 맞은편이 너른 들판이었으나 지금은 국립원예특
작과학원 시설원예연구소가 들어서 있다.

몸통은 바닥과 함께 콘크리트가 덮여서 옛 모습을 잃었다. 하지

만 제방 위 팽나무·느티나무·말채나무 등 오래된 노거수 스물일곱 그루는 옛 모습 그대로다. 상류에서 봉성교 언저리까지 400m가량 늘어서 있는데 큰 것은 나이가 500살은 넘어 보이고 굵기도 서너 아름은 되었다. 주민 한 분은 "봉성둘숲"이라 하고, 다른 한 분은 "이름은 없고 그냥 숲"이라 했다.

망가지지 않은 옛 모습 그대로 제방도 확인되었다. 지금 콘크리트 제방은 남서쪽으로 줄곧 이어지는데 마을숲이 끝나는 지점에서 도도록한 둔덕이 하나 서쪽으로 뻗어 산기슭으로 이어진다. 오른쪽과 왼쪽이 모두 농지여서 두렁으로 간주하면 쓸데없이 높고 크다. 길이는 60m 정도인데 겉으로 보기에는 보잘것없지만 오랜 세월 노동으로 유지해왔던 제방임이 분명하다.

마을숲과 제방은 1954년 찍은 항공사진에도 나타난다. 지금 남아 있는 것뿐만 아니라 사라진 것도 확인된다. 봉성교 하류의 경우 지금은 한 그루뿐이지만 그때는 적어도 네 그루 이상 더 있었다. 지금은 국도 79호선이 덮어쓴 부분도 그때는 숲은 없었어도 길게 제방이 이어지고 있었다.

함안읍성을 있게 만든 가칭 '금천방죽'

이름은 무엇이었을까? 오횡묵을 따라 〈군지〉의 '제언堤堰' 조항을 읽어보면 지금 함안면 봉성리가 포함되는 상리에는 '성현제筬峴堤'와 '금천방죽琴川防築' 둘이 있다고 나온다.

성筬은 바디·베틀을 뜻하고 지명 성현筬峴은 바디재·베틀재로 남은 경우가 많은데 현재 함안에서 확인된 바는 없다. 그렇다면 금천방죽일 가능성을 따져볼 필요가 있다. 〈함주지〉에서 '산천' 조항을 보면 함안천을 대천大川이라 하고 그 대천이 상리부터 함안읍성 동쪽을 지나 검암마을까지 이르는 구간을 금천琴川이라 했다. 이런 정도면 조심스러우나마 가칭 금천방죽이라 해 볼 수 있겠다.

가칭 금천방죽은 함안읍성과 함안군을 존재할 수 있도록 만든 일등공신이다. 이 제방이 없었다면 함안읍성은 큰물이 질 때마다 물에 잠겼고 그랬다면 아예 읍성은 들어서지 못했을 것이다. 그러면 당연히 지금과 같은 역사 속 함안군 또한 성립될 수 없었다.

읍성 안 자이선은 오래 전부터 큰물이 쓸고 내려갔음을 보여주는 물증이다. 이찬우 생태학 박사는 "불어난 하천물이 깎아내면서 생긴 하식애가 자이선 바위벼랑이고 이런 범람과 침식을 막아주는 것이 바로 이 제방이었다"고 말했다.

혹시 오횡묵이 고생했던 그 제방?

이런 중요한 제방이라면 어쩌면 〈함안총쇄록〉에도 기록이 남아 있을 수 있겠다 싶었지만 특정하여 명시되어 있지는 않았다. 다만 미루어 짐작할 수 있는 대목은 없지 않았는데 1890년 4월 6일의 일이었다.

오횡묵은 고을 수령으로서 사람들을 모아 제방을 고치고 쌓았다. 몸소 나가서 지휘·감독하면서 술과 안주와 담배도 베풀었다. 필요하다면 채찍도 서슴없이 휘둘렀으니 한편으로는 달래고 한편으로는 어르는 모양새였다.

"상리上里 방축防築하는 데에 나가 모인 면정面丁들에게 돌을 지게도 하고 쌓게도 하도록 시내를 따라 오르내리며 감독하였다. 행여 게으른

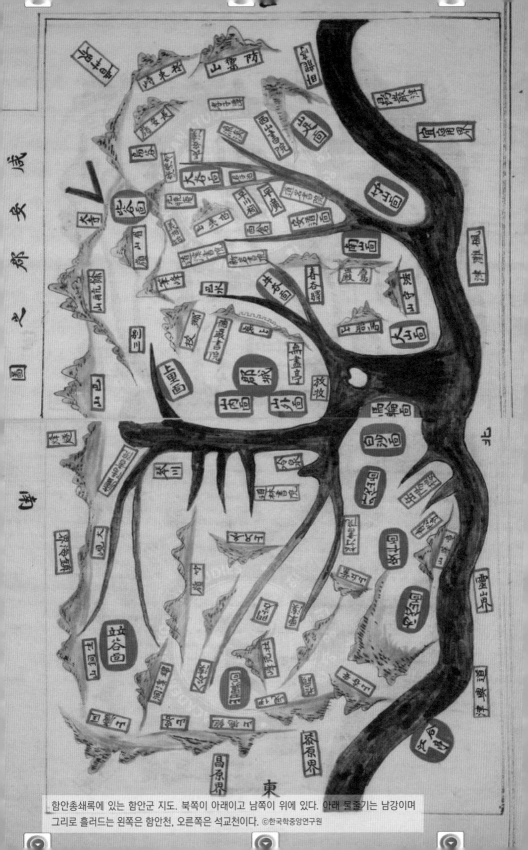

함안총쇄록에 있는 함안군 지도. 북쪽이 아래이고 남쪽이 위에 있다. 아래 물줄기는 남강이며 그리로 흘러드는 왼쪽은 함안천, 오른쪽은 석교천이다. ⓒ한국학중앙연구원 모양새가 있으면 반드시 적발하고 채찍질하여 잠시도 손을 놓지 못하게 하였다. 점심 때 각자 갖고 온 들밥을 먹게 하고 조금 있다가 일을 다시 시작하였다. 쉴 때 술 다섯 동이와 북어 안주를 먹였더니 서로 다투어 힘을 내어 해지기 전에 완전히 끝났다. 늙은 농부와 늙은 아전들이 모두 말하였다. '여기 이 일은 해마다 하는데 빠르고도 완전하게 한 것은 모두 몸소 감독하신 결과입니다.'"

한시도 지었다.

'자루를 들어 모래 위에 돌을 올리고/ 많은 사람의 힘으로
물속에 언덕을 만드네.'

더위로 크게 고생하기도 했다.

"시냇가 조금 떨어진 데에 나무그늘이 정말 좋았다. 잠깐 더위를 식히고 싶은 마음이 간절하였지만 그 잠깐이 반드시 일을 크게 방해할 것 같았다. 그래서 진시辰時부터 신시申時까지 제방 위 한데에 앉아 있었는데 땀과 열을 이길 수 없었다."

원님이 이런 정도였으니 실제 몸을 부린 백성들은 정말 죽을 지경이었겠다.

〈함안총쇄록〉에 담겨 있는 이 기록이 어쩌면 지금 남아 있는 옛날 제방 일대와 비슷한 것 같다. 오횡묵이 '시냇가 조금 떨어진 데에 나무그늘'이라 적은 자리가 '봉성둘숲'일 수 있는 것이다. 아침 7시부터 저녁 5시까지 열 시간을 땡볕에 앉아 있었던 '제방 위 한데' 또한 지금 국도 79호선이 덮어쓴 마을숲 하류 제방 어느 한 지점일 가능성이 없지 않다.

시냇가 조금 떨어진 나무그늘은 봉성둘숲 일 것이다.

술과 북어와 담배를 풀며 보^洑 공사도

  이러거나 저러거나 〈함안총쇄록〉에는 이밖에 비슷한 기록이 두 차례 더 나온다. 이는 제방이 아니라 보^洑를 쌓는 공사였다. 보는 제방과 달리 하천을 가로막아 물을 가두는 시설이다.

  "상평^{上坪} 큰 보를 수축하는 데 갔다. 지난해 큰물에 무너지고 터지고 메워지고 막혔다. 일이 매우 크고 많아서 달려온 일꾼이 105명이었다. 삽질을 하고 삼태기로 나르는데 도랑에 가득하여 좋았다. 모두 자기가 마땅히 해야 할 일이니 열심히 하라고 다그치기도 전에 이미 뜻을 내어 힘껏 일하였다. 가게에서 술 네 동이와 북어 2부^部와 담배 두 움큼을 외상으로 사와서 나누어 주었다. 많지 않은 물건으로 여러 사람을 기쁘게 하고 많은 사람들의 힘을 가지런히 정리하였으니 격려하고 권장하는 데 이런 것이 없을 수 없다."^{1892. 2. 12}

  "오후에 상리^{上里} 시내를 막아 큰 보를 내는 공사를 하는 곳에 나갔다. 막걸리 다섯 동이와 담배 다섯 움큼과 북어 두 쾌^{夬=20마리}를 상으로 주었다. 수백 일꾼들이 즐겁고 기뻐하며 '나와서 일을 해도 고된 줄 모르겠다'고 하였다."^{1892. 4. 25}

22.
객사는 없어졌지만
향교는 남아

조선은 민국^{民國}이 아니라 왕국^{王國}이었다. 국민이 아닌 임금이 주권자였다. 임금을 상징하는 객사^{客舍}가 고을에서 동헌보다 더 크고 높은 까닭이다. 객사는 한가운데 높은 자리에 임금을 대신하는 전패^{殿牌}를 모시고 있었다.

조선은 공자의 가르침인 유교가 지배하는 나라였다. 향교^{鄕校}는 요즘 공립 중고등학교에 해당되지만 교육 기능만을 하는 것은 아니었다. 공자를 모시고 있기 때문에 그 이상이었다. 여러 의식과 행사로 양반과 일반 백성에 대한 수령의 영향력을 넓히는 문화·행정 기능도 담당하고 있었다.

객사와 향교는 관아 못지않게 중요한 활동 무대였다. 임금을 모시는 객사는 임금과 그 대리인 수령의 권위를 내보이는 장소였다. 공자를 모시는 향교는 수령이 지배 이념과 질서를 지역에 널리 인식시키고 확산시키는 장소였다.

객사 전패에 부임 인사를 올리고

오횡묵이 함안군수로서 최초로 공식 의례를 치른 데도 객사였다. "관문官門=관아의 정문 바깥에 누각이 하나 있다. 객사 문루로 태평루太平樓라는 현판이 걸려 있다. 가마에서 내려 객사로 들어가니 외삼문과 내삼문이 있는데 일주문이다. …객사에 드니 대청大廳이 셋 있는데 중청中廳이 전패殿牌를 봉안하는 장소이고 파산관巴山館 현판이 걸려 있다."1889. 4. 21

오횡묵은 먼저 전패를 향하여 배례拜禮하였다. 〈함안총쇄록〉에는 "교생校生=향교의 유생이 자리에 나아가 예절을 거행하였다. 수창修唱·행례行禮·예필禮畢이었다. 정선旌善·자인慈仁에서 했던 바와 대개 같았다"고 나온다. 오횡묵이 정선현감 시절 적은 〈정선총쇄록〉을 보면 1887년 윤4월 19일 객사 도원관桃源館에서 '연명례延命禮를 행하였다.' 연명례는 수령이 고을에 부임하여 치르는 첫 행사다. 전패에 절을 올리고 임금께서 내리신 어명을 삼반관속과 지역 주민들에게 널리 밝히는 의식이었다.

제사 지내는 제물을 살피던 자리

옛날에는 제사가 참으로 많았다. 인력으로 할 수 없는 일이 하도 많았고 그만큼 하늘이나 조상 또는 귀신에 대고 빌 일도 많았다. 위로는 나라의 임금에서부터 아래는 고을 수령에 이르기까지 백성을 위하여 지내야 하는 제사가 넘쳐났던 것이다.

먼저 공자에게 바치는 석전제釋奠大祭가 있었는데 석채례釋菜禮라고도 했다. 농사 잘 되게 해달라 비는 사직제社稷祭도 있는데 사社는 땅의

신이고 직稷은 곡식의 신이었다. 이밖에 풍년을 비는 기곡제祈穀祭, 마을을 지키는 성황신에게 비는 성황발고제城隍發告祭, 역병이 돌지 않도록 원통하게 죽은 귀신에게 비는 여제厲祭도 있었다.

제사 지내는 장소는 저마다 달랐다. 석전제는 향교 대성전, 사직제·기곡제는 사직단, 성황발고제는 성황사城隍祠, 여제는 여단厲壇에서 지냈다. 〈함안총쇄록〉에 나오는 〈군지〉에 향교는 남쪽 3리, 사직단은 서쪽 1리, 성황사는 남쪽 6리, 여단은 북동쪽 2리에 있었으니 오횡묵은 동서남북을 돌아다니며 제사지내야 했다.

제사에 쓰일 제물을 감봉監封하는 자리는 언제나 객사였다. 제물은 풍성하기도 해야 했지만 격식과 제도에 따라 숫자나 크기와 모양까지 알맞게 갖추어야 했다. 제대로 마련이 되었는지 살펴보고 또 손 타지 않도록 마감하는 일까지 언제나 수령 차지였다.

시나브로 없어진 파산관과 태평루

함안 객사 '파산관'은 읍성 한복판 동서남북으로 통달하는 자리에 있었다. 안팎에서 사람들이 몰려드는 자리였고 읍성에 들르면 대개 한 번은 지나가게 되는 위치였다. 고을 수령으로서 백성을 위하여 이렇게 애쓰노라 보여주기에 이보다 더 좋은 데는 없었다.

당시 함안읍성의 중심이었던 파산관 객사는 지금 남아 있지 않다. 언제 없어졌는지도 모르게 시나브로 사라지고 말았다. 옛날 모습을 짐작할 수 있는 단초도 거의 없다. 파산관은 현재까지 오횡묵의 〈함안총쇄록〉 기록이 전부여서 '대청이 셋'이라는 대략적인 형태만 알 수 있을 뿐이다.

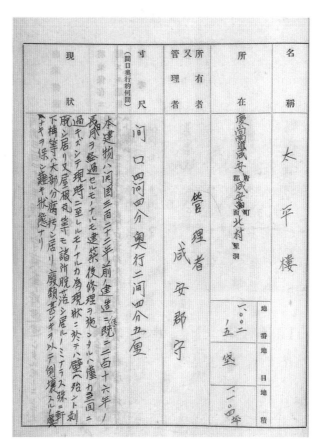

| 名 | 所 | 所 又 有 | 管 理 | （間口奥行約何間） | 現 |
| 稱 | 在 | 者 | 者 | 寸 尺 | 狀 |

太平樓

慶尚南道咸安郡咸安面北村里洞

管理者 咸安郡守

间口四间四分奥行二间四分五厘

本建物八間三百二十三坪今前建造三既二二百十六年ノ長月ヲ經過セルモノナルヲ建築後修理ヲ施シタルハ僅カ三回ニ過ギズシテ現時ニ至レルモノナルカ爲現狀ニ於テハ壁ハ殆ント剝脫シ居リ又屋根瓦等モ諸所脫落シ居ルノミナラス軒下楣等ハ大部分腐朽シ居リ廢頽甚ダシキヲ以テ倒壞スルノ虞ナキヲ保シ難キ狀態ナリ

| | | | | | 地 番 地 目 地 積 |
| | | | | | 一、〇〇二 ノ 五 坪 一一、一四坪 |

태평루에 대한 조선총독부박물관의 고건축물목록.
주소가 함안면 북촌리 1,002-5로 되어 있다. ⓒ국립중앙박물관

  반면 객사 문루인 태평루는 1929년 조선총독부박물관이 작성한 '고건축물목록' 문서에 남아 있다. 지번이 '북촌동 1002-5'라 되어 있는데 지금 함성중학교 진입로다. 넓이 '1104평'에 규모가 '정면[間口] 4칸 4푼, 측면[奥行] 2칸 4푼 5리'인데 당시에 이미 "매우 낡고 헐어 무너질 우려가 있고 보전이 어려운 상태"였다.

함안향교 대성전.

함안향교와 은행나무의 모습.

공자 알현은 부임 사흘째에

당시는 공자를 부임 사흘째 되는 날에 찾아뵙도록 되어 있었다. "새벽에 일어나 세수하고 묘각卯刻=아침 6시 전후에 관복을 갖추어 입고 남문을 나가 문묘文廟에 갔다."1889. 4. 23 공자를 모시는 사당이 문묘인데 여기서는 향교 대성전을 가리킨다. 삼반관속과 함께였고 고을 백성들이 잔뜩 구경하는 가운데였다.

"주산인 모산慕山에서 …가운데 한 줄기가 굽이 뻗어내려 거북등처럼 생긴 머리 위에 성전聖殿=대성전이 있다. 용마루는 활처럼 휘었고 공포는 날아갈 듯 아름답다. 동무·서무가 양쪽에 있고 앞에 삼문이 있는데 낮은 담장을 쌓아 터를 잡았다. 명륜당은 담장 아래 가파르게 열 길 정도 내려간 자리에 세워져 있다. 좌우에 전설소奠設所·서책고書冊庫 등이 있고 앞에는 풍화루風化樓 편액이 달린 폐문루閉門樓가 있다. 누각 왼쪽에는 민가가 열 집 남짓 있는데 들으니 모두 교속校屬=향교에 딸린 일꾼들이다."

함안향교 명륜당.

명륜당 지나 대성전 오르는 길은 가팔랐다. "관노에게 양쪽을 부축하게 하여 오르노라니 옆구리에 숨이 찼다." 잠깐 쉬었다가 "성전 마당에 들어가니 대성전 편액이 있고 아래에 삼층 석대를 쌓았다." 알성례를 올린 오횡묵은 명륜당 동재에 들러 향교 임원들과 인사를 하고는 밖으로 나왔다.

강학과 시험을 치르던 향교

조선시대에는 '수령칠사守令七事'가 있었다. 원님이 힘써야 하는 일곱 가지 일이다. 농상성農桑盛과 호구증戶口增 다음 세 번째가 학교흥學校興이었다. 지금으로 치면 시장·군수가 교육장을 겸하는 셈인데 학교흥이 이룩되면 지역 사회의 질서와 위계는 절로 가지런해진다. 오횡묵이 봉급을 털어서까지 학문 권장에 적극 나선 이유라 하겠다.

1891년 12월 21일 장소는 향교였다. 대성전이 아니고 재실이었다. 열여덟 면에서 모인 강장講長·약장約長·직월直月·강생講生이 300명 남짓이었다. 사람은 많고 날은 짧은데 추위까지 겹쳐 여러 방법으로 서두른 끝에 진시 초각아침 7시에 시작한 강학을 신시 말각저녁 5시에 마칠 수 있었다.

"아이동몽童蒙들은 영리함으로 어른관자冠者들은 난숙함으로 기준을 삼아 새긴 뜻과 알아들은 정도가 훌륭하여 장래 본받을 만한지를 종합하여 1등 조경식趙敬植 등 3인, 2등 박영만朴榮萬 등 7인, 3등 조성석趙性錫 등 105인을 뽑았다. 1등은 백지 두 묶음束=100장씩 그 아래는 백지 한 묶음씩을 상으로 주었다."

지금은 아니지만 그때는 종이가 보석이나 화폐만큼 비싸고 귀한 물건이었다.

상으로 그치지 않고 잔치까지 치른 적도 있다. 1892년 10월 24일이었는데 모인 사람이 더욱 많았다. 남여를 타고 명륜당으로 가면서 보니 "다박머리에서 백발까지 많은 선비들이 물고기 비늘처럼 길에 가득 깔려 있었다. …사람은 많고 해는 짧아 혼자서는 다할 수 없어서 작년처럼 열여덟 면에서 강장을 나오도록 하여 강생들을 다른 면으로 바꾸어 사정私情이 통하지 않도록 하였다."

이렇게 1차로 추려낸 다음 합격한 참방자參榜者들을 불러 몸소 강의하고 바로 앞에서 시험을 치렀다.

"삼경三經을 모두 통달한 안정여安鼎呂 등 10명을 1등, 삼경에서 둘을 통달한 조노사趙老賜 등 15명을 2등, 사서삼경과 통감通鑑·사기史記에서 하나를 능통한 이쾌경李快敬 등 264명을 3등으로 삼았다."

잔치는 이튿날 향음주례鄕飮酒禮에 뒤이어 마련했다. 장소는 마찬가지 향교였다. "댓돌 아래에서 음악이 울리는 가운데 호중呼中을 시작하니 합격한 유생 289명이 차례로 올라왔다. 음식을 제공하고 상을 주었다. 1등은 후지厚紙 세 묶음, 2등은 두 묶음 3등은 한 묶음씩이었다. 교문에서 마루까지 보는 사람이 많아서 어깨가 부딪힐 정도였고 부형들은 기뻐서 안색이 움직였다. 고을 양반들에게 낸 점심이 370상 남짓이었다."

비용은 자기 봉급에서 덜어내는 연름捐廩으로 하였다. 10월 26일 대구감영에 보고한 내용을 보면 합격한 289명에게 나눠준 종이는 324 묶음이었고 호중상에 들어간 비용은 343냥 7전이었다. 감영은 이에 오횡묵을 칭찬하고 1등과 2등에게는 역서曆書를 한 권씩 내려보냈다.^{1892. 11. 18}

한 달 두 차례 객사·향교 들러야 했던 오횡묵

객사와 향교는 특별한 행사만 치르는 공간이 아니었다. 수령이라면 적어도 초하루와 보름날에는 가야 하는 장소였다. 객사에서는 하례賀禮를 했고 향교에서는 알성謁聖을 했다. 하례는 임금을 위하여 전패를 향하여 네 번 절을 올리는 예식이고 알성은 공자의 신위에게 뵈옵는 의식이다.

이 날에는 점고點考도 했다. 점고는 임금이나 공자를 위하는 의식은 아니었다. 수령이 자신의 손발인 삼반관속을 동헌에 모아놓고 출석 여부를 점검하면서 제대로 움직이고 있는지 확인하는 일이었다.

〈함안총쇄록〉을 보면 셋 모두 한 적이 가장 많지만 하나나 둘만 하였거나 셋 모두 하지 않은 적도 적지 않다. 초하루나 보름날인데도 하례·알성·점고 기록이 없는 경우는 함안에 오횡묵이 없는 날이었다. 통제영·진주병영·대구감영·마산창에 출장을 갔거나 다른 고을로 겸관이 되어 조세를 걷으러 갔거나 개인 사정으로 서울 본가나 시골 집에 갔거나 했다.

여전한 은행나무 살아남은 대성전

파산관이나 태평루와는 달리 향교는 사라지지 않았다. 오횡묵이 찾았던 그 자리에 명륜당과 대성전을 비롯하여 다른 건물까지 제대로 있다. 하지만 〈문화유적 분포지도-함안군〉2006을 보면 "6·25전쟁으로 대성전이 반파되고 명륜당과 동재·서재 등이 완전 소실되고 문서도 완전히 잃었다." 또 〈경남문화재대관〉1995에서는 "대성전이 1880

년 중건되었다"고 되어 있다.

이 기록이 맞다면 지금 우리가 보는 함안향교 대성전은 오횡묵이 130년 전에 드나들었던 그 대성전과 동일성이 유지되고 있는 셈이다. 나름 감회에 젖어 둘러보니 기둥부터가 오래 된 기미가 느껴졌는데 1958년에 새로 지은 명륜당과 견주니까 더욱 뚜렷하였다. 앞쪽 가운데 두 기둥 아랫부분은 세월을 못 이기고 썩었는지 해당 길이만큼 새로 들어온 석재가 받치고도 있었다.

대성전 주춧돌은 옛 모양이 더욱 그대로 남아 있었다. 지은지 60년 남짓 된 명륜당의 주춧돌은 하나같이 둥글게 인공으로 깎은 모양이지만 대성전은 그렇지 않았다. 어디서나 구할 수 있는 자연석은 두 개였고 나머지 여덟 개는 원형이 석탑이나 석등이었다. 옆에 나란한 동무·서무에서도 같은 주춧돌이 여럿 눈에 띄었다.

함안향교 대성전 주춧돌. 석탑 부재를 재활용했다.

새롭게 떠오르는 종교가 앞선 시기 왕성했던 종교를 대신하여 그 터전에 건물을 세우는 것은 세계적으로도 흔히 볼 수 있는 일이다. 종교의 자유 관점이나 숭유억불정책의 결과로 보기보다는 자재가 태부족하던 시기 자연스레 이루어진 재활용으로 보는 편이 합당하다. 불교의 고려시대와는 달리 조선시대는 유교가 나라를 지탱하는 기둥이었다.

함안향교는 은행나무가 여럿 들어서 있다. 다들 멋지지만 풍화루 안쪽과 바깥쪽에 있는 두 그루는 어디에 내놓아도 빠지지 않을 정도다. 바깥쪽 나무는 몇 아름이나 될 정도로 굵고 키도 아주 높이까지 솟았고 안쪽 나무는 굵기는 덜하지만 높이는 전혀 처지지 않는다.

오횡묵도 130년 전에 이 나무를 보았다. 〈함안총쇄록〉에 그 기록이 있다.

"은행나무 두 그루가 풍화루의 안팎에 나누어져 있는데 크기가 저마다 수십 아름이었다. 위로 하늘을 찌를 듯하고 가지가 쭉쭉 뻗어나가서 그늘이 매우 짙었다."1889. 4. 23

이어 "행단杏壇은 언제나 사람에게 생각을 불러일으킨다"며 공자를 비롯한 선현들을 공경하는 한시를 읊었는데 마지막이 이렇다.

'뿌리와 밑둥에서 비롯하여/ 가지와 줄기가 끝없이 뻗어가네/ 알고 아끼는 사람 얼마나 될까?/ 이리저리 거닐며 깊이 경계하노라.'

그러고 보니 뿌리와 밑둥은 인간세상에서도 알고 아껴야 하는 것이고 자연생태에서도 알고 아껴야 하는 것이다.

23.
그때도 감·수박·연꽃이
명산이었을까

함안은 감이 유명하다. 가을이면 대봉감이 주렁주렁 열리고 겨울이면 깎아 말린 곶감이 지천으로 널려 있다. 크기도 작지 않고 달콤하기도 처지지 않는다. 여항면과 함안면·가야읍 일대에서 많이 난다.

수박도 이름이 높다. 옛날에는 여름에만 났지만 2010년대 들어서부터는 겨울에도 쏟아져 나온다. 함안이 전국 생산의 10%를 차지하는데 군북면·법수면과 대산면·가야읍이 주산지다.

연꽃도 손꼽힌다. '옥수홍련'과 '아라홍련'의 본고장이다. 옥수늪에서 자생하던 옥수홍련은 1100년 전 순수함을 그대로 간직하고 있다. 아라홍련은 고려시대 연밥이 성산산성 연못에 잠들어 있다가 700년 세월을 건너뛰어 피어났다.

그렇다면 이렇게 풍성한 감과 수박과 연꽃이 오횡묵 시절에는 어땠을까?

지금도 한안향교 바로 남쪽 비탈에는 오횡묵이 본 것처럼 오래된 감나무가 여럿 있다.

감은 그때도 함안 곳곳에

〈함주지〉'토산土産' 조항을 보면 감柿은 '마을마다 있었다.' 오횡묵이 읽은 〈군지〉에도 '토산'에 감이 올라 있다. 조정에 바치는 공물進貢로도 '조홍早紅'과 '건시乾柿'를 적었다. 조홍은 추석 전에 일찍 익는 감이고 건시는 곶감이다.

〈함안총쇄록〉에는 감나무가 심겨 있는 풍경이 곳곳에 나온다.

"정면 작은 담장 아래에 대나무가 푸르게 있는 가운데 감나무가 복숭아·모과나무와 백일홍과 함께 서로 뒤엉켜 자라고 있었다."[1889. 4. 21]

동헌 마당에 감나무가 서 있는 모습을 오횡묵은 이렇게 적었다.

함안읍성 안 민가 곳곳에서 볼 수 있는 오래된 감나무.
오횡묵 시절에도 대충 이랬을 것이다.

이틀 뒤 찾아간 향교에서는 어떻게 적었을까? 거기는 감나무가 아예 숲을 이루고 있었다.

"마당의 남쪽庭之南에 감나무가 수십 그루 있는데 물으니 이 나무의 과일이 품질이 매우 좋아 성묘聖廟=대성전에 새 과일을 올릴 때 쓴다고 한다."

지금도 향교 남쪽 비탈에는 오래된 감나무가 여러 그루 서 있다. 읍성에도 감나무가 많았다.

"여염閭閻=일반 백성 살림집이 500호 남짓인데 지붕 모퉁이가 즐비하고 밥 짓는 연기가 자욱하다. 감나무가 석류·복숭아·살구·오얏·오동나무 따위와 서로 뒤섞여 있었다."1889. 4. 27

동헌 서쪽 비봉산에서 바라본 모습이다.

아래로 베풀고 위로 바치고

오횡묵은 '조홍시는 이 땅의 제철 음식時食時食'1892. 7. 13이라며 동료·친지들에게 선물했다. 같은 날 "전운사마산창 으뜸 벼슬아치에게 다섯 접帖, 세 위원三委員과 주사 정학교丁主事 鶴喬, 김춘파·김원중·이해승·김정구와 기생 금향錦香에게 한 접씩 보냈다." 또 "위원委員·낭청郎廳 다섯 동료에게 홍시·준시蹲柿=꿰지 않고 눌러 말린 감를 한 접씩 선물로 보냈다."1892. 12. 8·9

통제사에게는 전운사에게 바친 곱절을 올렸다.

"조홍 열다섯 접을 양로당養老堂에 들여보내고 열 접은 통제사에게 전하여 바치게 했다."1892. 7. 2

양로당은 통제영에 딸린 기관으로 퇴직한 장교·아전이 한 사람씩 돌아가며 일하는 곳이었다. 아들 학선學善이 벼슬살이를 하며 묵는

공간이기도 하였다.^{1889. 5. 25~26}

1889년 10월 4일 서울 본가에 있을 때는 함안에서 마부가 모과·
홍시·지실枳實 등속을 가져오자 이를 임금께 바치려 했다. 하지만 질
이 낮아 못 바치게 되자 서운해하는 심정을 적었다.

"전궁殿宮에 진헌進獻하여 보잘것없으나마 정성을 보이고자 하였으나,
오는 길에 많이 부서지고 이지러진데다 품질 또한 처지는 듯하여 바
치지 못하여 정말 개탄스럽다."

손아래로도 베풀었다. 1892년 12월 30일 세밑에 "관속 가운데 가
장 가난한 사람과 여러 일꾼근로인勤勞人들에게 저마다 돈냥을 등분에
따라 베풀어주었다." 모두 320냥 남짓이었는데 준시 네 접을 마른 대
구(80마리)·아가미젓(76부部)·곤이젓(42부)·인절미(2상자)·담배(2움
큼파把) 등과 함께 나누었다.

받을 때는 청렴을 생각하고

베풀고 바치는 데는 거침이 없었지만 받아들일 때는 조심스레 가
렸다.

"지역 양반 몇몇이 곶감을 주었다. 받을 만하면 받았지만 부잡스럽거
나 정당한 명분이 없으면 물리쳤다."^{1889. 12. 29}

오횡묵은 곧바로 아랫사람들에게 넘겼다. "받은 것이 열 접 남짓인
데 대구·김해의海衣·문어 등물과 함께 곶감을 공형·장교·통인·관노·
사령들에게 나누어주었다."

한시를 지어 마음자리도 나타내보였다.

"사양하려면 감정 안 다치게 하고 받으려면 청렴을 돌봐야 하
네/ 말과 행동 낱낱이 백성들이 보는데/ 태수가 가벼이 찡그리고
웃는다 말하지 말게/ 어물·과일과 함께 흩어주면 무방하다네."

이재두李載斗라는 사람에게서 배·밤·감을 받은 1892년 7월 29일에
도 그럴듯한 시를 지었다. 주고받는 따뜻한 마음에 더해 홍시의 멋
과 맛까지 잘 살려냈다. 지금 시대에 맞추어 현대화하면 함안 홍시·
곶감 홍보에 안성맞춤일 것 같다.

"배는 희고 감은 붉고 밤은 노랗네/ 꾸러미 열어보니 가을향기
가 진동하네/ 꿀보다 달콤하여 아주 입에 맞고/ 얼음보다 상쾌
하여 절로 내장이 적셔지네/ 저물녘 먹으며 그냥 하는 흰소리가
아니라네/ 정으로 주는 선물 예사롭지 않음을 알지만/ 관아 정
원 늙은 대나무에는 좋은 열매가 없으니/ 구슬 같은 시문으로
갚고 싶은데 빛이 없어 부끄럽소."

함안 곶감 시조목.

일제강점기에도 대단했던

함안 감의 명성은 일제강점기에도 그대로였다. 〈매일신보〉 1934년 8월 8일자 '농촌순례기-경남편(38) 함안 巴水里파수리의 矯風교풍'에 나와 있다. 제목에 벌써 곶감이 나온다.

'乾柿건시로 年産 萬圓연산 만원 衣服次의복차는 手織自給수직자급 가마니짜는 것은 負債償還부채상환에'.

"古記고기에도 함안의 특산으로 감이 쓰여 있고 또 300년 전 임진란 때에도 常勝將상승장으로 자처하는 권율이나 명장 곽재우의 '敵勢적세가 성대하고 우리 군사는 烏合오합이며 前途전도에 양식도 없으니 輕進경진치 말으시오' 하는 충고를 듣지 않고 팔을 뽐내며 함안으로 몰려왔다가 양식이 없어서 어쩔 수 없이 익지도 않은 시퍼런 감을 따 먹으며 연명하였다. 그 때 기록을 그대로 적으면 '慄遂過江율수과강 進至

咸安진지함안 城空無所得성공무소득 諸軍乏貧제군핍빈 摘靑柿實以食적청시실이식 無
復鬪心矣무부투심의'라 한 것으로 보아 군량 없을 때에 군량을 代대할 만
큼 많았던 것을 알 수 있다."

"아무리 잘 나는 명산이라도 인위로 가꾸지 않으면 오랜 세월을 경
과하는 동안에 부지 중 쇠퇴하고 마는 것이다. 이 부락에도 약 10년
전에는 쇠퇴가 심하여 昔日석일의 形影형영을 찾아볼 수 없게 된 것을
다시 부흥시키어 연전에 柿苗시묘 2만 株주를 산야나 택지 주위에 식
재하야 지금은 매년 1만箱상(每箱매상 50개)을 산출하는데 1상 價가가
1원이므로 약 1만원의 대금이 촌으로 들어오니 …재료대 130원과 촌
민의 부역으로 지어놓은 마을회관은 …水柿수시 건조장이라는 임무
하나를 더 가지게 되었다."

임진왜란 당시 권율이 곽재우의 충고를 무시하고 함안에 들어왔다
가 식량이 없어 대신 시퍼런 감을 따 먹었다는 전설이 새롭게 확인
된다. 더불어 1920년대 파수에 감 묘목 2만 포기를 심어 30년대에
해마다 곶감 50만 개가 나게 되었다는 얘기가 담겨 있다.

파수마을은 지금도 곶감이 대단하다. 오래된 감나무도 여기저기
많이 있다. 파수농공단지가 끝나는 즈음 상과 들머리 길가에 서 있
는 '함안곶감 시조목'이 대표적이다. 2015년 세운 표지판에 나이가
'230년 정도로 추정'된다고 적혀 있다.

함안 수박의 명성은?

반면 함안수박의 명성은 〈함안총쇄록〉에서 확인되지 않는다. 전혀 나오지 않는 것은 아니다. 1892년 윤6월 12일 한창 가물 때였다. 여섯 번째 기우제를 벽사강^{壁寺江}에 지낸 다음 와룡정에서 잠깐 쉴 때였다.

"본면^{本面} 집강이 갑자기 와서 수박^{水朴}을 바쳤다. 빨아먹으니 더위 먹은 것이 가셨는데 장맛비보다 나았다."

여기 '본면'이 산족면^{山足面}이었고 지금은 군북면이 되었다. 와룡정은 군북면 월촌마을에 있다. 이로써 월촌마을 일대 남강변에서 130년 전에 이미 수박 농사를 하고 있었음이 분명하다.

일제강점기에는 함안수박도 이름이 높았다. 〈매일신보〉 1931년 7월 31일자 '함안 서과^{西瓜} 출하-부산에만 2000개' 기사가 대표적이다. 서과는 수박을 이른다. 그러니 오횡묵이 적지 않았을 뿐 실은 예전부터 함안 명산일 개연성이 있는 것이다.

"경남에서 제일로 聲高^{성고}한 함안생 서과는 …품종은 大和^{대화}砂糖^{사탕}의 2종이라는데 적기에 채취할 時^시는 果汁多^{과즙다} 甘味强^{감미강} 品質^{품질} 極上^{극상}이라 하야 …부산역전 농산품공동판매소의 手^수에 依^의하야 공동판매를 行^행키로 되야 初出荷^{초출하} 2000개가 21일 夜^야 부산 도착…".

같은 〈매일신보〉 1935년 8월 7일자 기사 '경남의 농작물 天候^{천후} 순조로 풍작-田作物^{전작물}은 市勢^{시세}도 앙등'에서도 함안수박은 명산이었다. "명산의 하나인 함안서과 울산참외 김해 진영 동래 지방의 야채류 시세가 앙등하야 농촌에는 의외의 호황으로 활기를 呈^정하고 있다."

함안박물관 들머리에 있는 아라홍련 시배지.

함안에 연꽃이 없다고 했으나

오횡묵은 연꽃을 매우 좋아하였다. 1892년 7월 15일 역병이 돌지 않도록 비는 여제^{厲祭}를 지냈다. 불교에서도 좋게 여기는 백종이 이날 인데 마침 연꽃이 얻어걸렸다. 한 줄기^{일경一莖}뿐이었는데도 감흥이 넘쳤다.

"연은 내가 본래 아주 사랑하는데 또 이날이 마침 백종날이라 불가의 명절이다. 길일에 마음으로 사랑하는 물건을 얻었으니 어찌 내가 태운^{泰運}을 만날 조짐이 아니겠는가. 그래서 유리병에 꽂아 안석^{安席} 위에 두었다. 아침에 벌어지고 저녁에 합해지니 맑고 깨끗한 용태를 잃지 않아 더욱 사랑스럽다."

살인사건 처리로 서두르는 길에서도 연꽃에 정신을 놓았다. 1892

년 8월 14일 겸관을 맡은 밀양에서 옥사가 터졌다. '지난달 말에 창원 등짐장수負商 한 명이 밀양 장터에서 흥정을 하다가 다른 사람에게 부딪혀 죽었다'는 것이다. 곧장 창원을 거쳐 낙동강을 건너편 밀양 수산 국농소國農所에 들었다. 수산에는 삼한시대 유적인 수산제守山堤가 있고 국농소는 조정이 황무지 개간 사업을 벌이던 장소다.

"들판 연못 세 곳이 커서 둘레가 수십 리가 되는데 연꽃이 널리 퍼져 있었다. 본래 연꽃을 사랑하여 올봄에 옮겨 심으려 했으나 하지 못하여 마음에 늘 한이 되었다. 우연히 와서 장관을 보니 또한 기이한 인연이다. 차마 버리고 가지 못하여 수레를 멈추고 머뭇거리는데 마부가 날이 저물었다고 일러 바로 떠났다."

옮겨 심지 못한 연꽃은 어디에 있었을까? 오횡묵은 1892년 2월 27일부터 3월 26일까지 꼬박 한 달을 울산 나들이로 보냈다. 조세를 잘 걷는다고 소문이 나서 밀린 조세가 많은 울산으로 마산창 전운사가 오횡묵을 보낸 참이었다.

"내가 본래 성품이 연꽃을 사랑하는데 함안에는 없다. 이번 걸음에 거처하는 정원 연못園池에서 보게 되었다. 돌아갈 때 캐어가서 지극한 방법으로 길러 올해 안에 꽃을 보겠노라 기약했다."1892. 3. 20

오횡묵은 '함안에는 연꽃이 없다'고 했지만 실제로는 그렇지 않았다. 지금 유명세를 타고 있는 함안연꽃테마파크의 함안 토종 옥수홍련이 이를 증명한다. 민가나 관아의 연못에는 없었어도 인적이 닿지 않는 야생에는 있었다. 다만 오횡묵이 보지 못했을 뿐이었다.

네 가지 서양 채소도 기르고

서양 채소를 재배했다는 기록도 남겼다. 덕분에 함안은 1890년대에 이미 외래 나물을 받아들인 고장이 되었다.

"홍근대紅芹薹·탄입후綻入喉·가배지加排地·향길경香桔梗 네 종류는 서양의 품질 좋은 나물인데 올봄 서울서 얻었다. 오는 춘분·청명에 관아정원에 나누어 심어 여름이 가을로 바뀔 즈음 국을 끓이고 김치를 담거나 생채를 하면 맛이 매우 좋을 것이다."1892. 7. 18

홍근대와 가배지는 무엇인지 짐작이 된다. 홍근대는 지금 '적赤근대'라 하는 채소일 것 같다. '홍'이나 '적'이나 붉기는 매한가지기 때문이다. 가배지는 양배추임이 분명하다. 양배추의 '캐비지(cabbage)'에서 가져온 소리가 가배지인 것이다. 향길경은 향도라지나 서양도라지 정도로나마 짐작이 되지만 탄입후는 아예 알 길이 없었다.

쓰임새는 가배지가 으뜸, 향길경이 버금, 홍근대·탄입후는 끝자리로 꼽혔다. "홍근대와 탄입후는 국·김치·생채로 쓰이는 데 그친다." 향길경은 이에 더하여 "서양 사람들이 인삼人蔘 대신 먹는다." 가배지는 또 "오직 잎으로 국·김치를 당연히 할 수 있고 안주를 도와 생으로 먹어도 되며 바라보는 아름다움까지 있다."

가배지는 실제 관상용 화초 노릇을 하였다.

"가배지 두 포기를 낮은 잎을 잘라내고 화분 위분상盆上에 옮겨 놓고 걸상에서 마주 보니 잎은 깃발처럼 말려 있고 줄기는 장대처럼 곧다. 빛나게 나타나고 우뚝하게 솟았는데 겨울이 지나도 시들지 않는다."

24.
머물러 달라는 만인산,
보내는 아쉬움 선정비

　오횡묵이 함안군수로 일한 기간은 3년 10개월 남짓이다. 1889년 4월 21일 자인에서 들어와 1893년 4월 27일 고성으로 나간 것이다. 이 시기에 오횡묵은 지역사회의 여러 폐단을 깨끗하게 씻어냈다.

　멋대로 설치며 횡포를 부리는 일부 양반부터 먼저 때려잡았다. 아전과 결탁하여 백성들 등쳐먹고 군수를 능멸하는 적폐 중의 적폐였다. 아전과 백성들이 빼돌리거나 떼어먹어 엄청나게 밀려 있던 조세도 한 해만에 별 탈 없이 정리했다. 아전·장교와 관노·사령들도 농간을 부리지 못하도록 제대로 다잡았다.

　근본인 농사를 위해서도 잘 되도록 돌보느라 크게 애썼다. 들판에 나가 보이는대로 돈과 담배⁰와 바늘⁰을 나누어주면서 열심히 일하라 타일렀다. 농사철을 앞두고는 제방 쌓는 공사를 몸소 감독하였다. 몹시 가물 때는 잇달아 열다섯 차례 기우제를 지내는 헌신성까지 보였다.

　명절이나 절기에는 관아 일꾼들에게 철에 맞는 음식을 주었으며 형벌을 앞둔 죄인들에게도 차별 없이 먹을거리를 나누었다. 일부러 장터를 돌아다니면서 춥고 배고픈 할멈을 찾아 돈을 주었고 아이들을 위해서는 활쏘기 시합장과 향교나 서당에서 베푼 적이 많았다.

여론을 주도하는 양반들을 위한 노력도 적지 않았다. 틈나는대로 유지들을 찾아다니며 한데 어울렸고 문장을 뽐내는 시회는 물론 실력을 겨루는 시험도 적지 않게 치렀다. 자기 봉급을 헐어 상품을 장만하였고 그이들이 선물을 가져오면 그 선물을 밑천삼아 다시 잔치를 열기도 했다.

1만 명 이름을 수놓은 만인산

덕분에 오횡묵은 지역사회에서 아낌과 존경을 크게 받을 수 있었다. 백성들이 자발적으로 만들어 바친 만인산萬人傘이 대표적이다. 비단으로 일산日傘을 만든 다음 한가운데부터 가장자리까지 고을 사람들 이름을 수놓아 새긴 물건이 만인산이다. 만 사람이 물심양면으로 함께 만들었다는 뜻이 담겨 있는데 선정을 베푼 수령에게 바치는 백성들의 선물이었다.

1890년 6월 3일, 부임한 지 1년이 막 지난 시점이었다. 점심 때가 지난 미시未時 무렵 함안 관아는 밀려드는 백성들로 미어터질 지경이었다. 수교首校=우두머리 장교가 문밖에서 돌려보내려고 하였지만 소용이 없었다.

"아관박대鴉冠博帶 연사우립煙簑雨笠 남녀노소 수천 명이 문과 마당을 가득 채웠다. 수교가 손을 휘둘러 무어라 말하였으나 밀고 들어왔다. 조금 뒤에 질서정연하게 줄지어 정당政堂=동헌을 향하여 두 손을 맞잡고 섰다."

아관박대는 양반들, 연사우립은 농민들의 차림새다.

"저잣거리 장사꾼은 실을 바쳤고 시골 아낙은 바느질하는 품을 내었으며 대장장이는 장대를 만들고 문사는 이름을 적어서 하루도 안 되어 이루어졌으니 바로 이 수산繡傘입니다. 원님께 바치니 사양하지 마소서."

수산은 만인산을 달리 이른 것인데 수를 놓아 새긴 일산이라는 뜻이다.

오횡묵은 이미 정선에서도 같은 경험이 있었다. 만인산을 받는 영예가 질곡이 될 수 있음을 잘 알고 있었기에 오횡묵은 받기를 거절하였다.

"지나친 아름다움과 헛된 명예는 사람들이 다같이 미워하는 것이오. 내게 허물을 더하지 말아주시오."

그렇지만 물러날 백성들이 아니었다. 도중에 그만둘 것 같으면 애초 시작을 하지 않았다. 먼저 여태 베푼 오횡묵의 선정을 죽 늘어놓았다. 그러고는 이런 연유로 누가 시키지도 않았는데 스스로 감화하여 자기 이름을 수놓아 드리는 것인데 무엇이 미심쩍어 받아들이지 않으시냐 다그쳤다.

오횡묵은 밀당을 오래 하지 않았다. 거스를 수 없다는 것을 잘 알았기 때문이다. 오늘 일이 뒷날 웃음거리가 되지 않으려면 수령은 물론 백성들도 끝까지 어떻게 하느냐에 달려 있으니 함께 힘쓰자는 취지로 말하고 받아들였다.

고을 인사들의 성명과 함께 '청백엄명혜휼은애淸白嚴明惠恤恩愛 통정대부通政大夫 행함안군수行咸安郡守 겸兼 김해진관병마첨절제사金海鎭管兵馬僉節制使 오공횡묵吳公宖默 만인산萬人傘 경인庚寅 유월六月 일日 정통인화政

通人和'가 수놓여 있었다. 앞쪽 여덟 글자는 좋은 수령의 조건이고 뒤편 네 글자 '정사가 잘 퍼지고 사람들이 화합한다'는 그 결과인 셈이다.

만인산 선물에 담긴 뜻은

만인산을 받으면 수령은 명예가 높아진다. 바치는 백성에게 만인산은 무엇이었을까? 생존을 위한 몸부림이었다. "우리는 당신을 그 무엇과도 바꿀 수 없습니다" 하는 선언이었다. "당신이 가신 자리에 성질 고약하고 욕심 많은 사람이 오면 우리는 죽습니다" 하는 공포이기도 했다.

지역 양반들이 대구감영에 올린 글에 심정이 담겨 있다.

"동쪽집에서 약을 쓰던 병이 아직 완치되지 않았는데 의원을 서쪽집으로 옮긴다면 전날 몹쓸 병에 걸린 사람은 다시 위태로워지지 않겠습니까? 이미 시약試藥한 고질痼疾의 치료를 힘 있는 집에 뺏기지 않도록 해주십시오."1890. 6. 12

8월 4일 두 달 뒤 오횡묵이 서울 본가를 향해 나섰을 때도 마찬가지였다. 백성들은 돌아오지 않을까 두려웠다. "수산으로 일제히 청송함에 백성들의 뜻을 볼 수 있다. 질병에 침뜸이고 굶주림과 목마름에 음식이라. 유임을 바라는 것이 마땅하니 반드시 임금께 올리겠다." 감영에 진정하고 받은 판결문을 가는 길에 내밀었다.

그 때문인지 이틀 뒤 오횡묵은 대구 감영에서 순찰사한테 "서울 가는 휴가를 청하였으나 얻지 못하였다경왕차京往次 청유부득請由不得." 다음날 길을 나서 9일 오각午刻에 함안 관아에 도착했더니 "뜻밖이라서 관속들이 허둥거리고 분주한 것이 곱절은 요란하였다." 우두머리가 없으면 늘어지는 것은 예나 이제나 매한가지였다.

이듬해는 5월 2일 서울행에 나섰다. 임기 만료는 중추仲秋=8월에 있었다. "번거로운 장부·회계와 시끄러운 공사간은 이참에 마감하고 각 면마다 단단히 타일러 시킨 일들도 조목조목 단속한" 다음이었다. 남아 달라는 사람은 한 해 전보다 더 많아져 있었다.

이수정에서는 삼반관속과 조 씨 수십 명이 따로 길을 막았고 사거리에서는 통인들이, 부촌富村에서는 좌수와 공형 등 십수 명이 시간 차를 두고 잇따라 나왔다.

"40리 사이에 읍민들이 다섯 곳으로 나왔다. 나는 다시 관아로 돌아가지 않는다고 하였다. 이처럼 다투듯이 하니 마음에 매우 가련하였다."

7월 15일에는 서울까지 와서 문장을 올렸다. 이조·병조는 따지지 않은 채 물렸지만 영의정은 판단을 내려주었다.

"수령의 치적을 들으니 기쁘고 다행이다. 아직 갈리지 않았고 멀리서 이리 호소하니 가시기를 아쉬워하는 여러 사람의 뜻을 잘 알겠노라."

결정권은 임금에게 있었다. 당시 함안은 홍수로 엉망이었다.

"처음에는 갈려고 했으나 재세災歲에는 잘못 다스리는 수령만 체직을 허락할 수 있다. 가을농사가 크니 오래 비우지 말고 빨리 돌아가라." 1891. 10. 18

그러자 오횡묵이 임금에게 바꾸어 주십사 엎드려 빌었지만 임금은 꿈쩍하지 않았다. 이후 1893년까지 함안에 더 있게 되었다.

함성중학교 진입로에 있는 선정비들. 왼쪽에서 세 번째가 오횡묵의 것이다.

선정비는 헤어지는 아쉬움을

만남이 있으면 반드시 헤어짐이 있는 법이다. 오횡묵도 떠날 때가되었다. 처음 임기를 채운 데 이어 두 번째 임기까지 마저 채웠던 것이다. 1893년 2월 3일 고성부사로 옮기라는 발령을 받았다. 이제 백성들도 더이상 막을 수는 없었다.

만인산을 바치는 대신 선정비를 만들어 세웠다. 만인산은 머물러달라는 뜻이었고 선정비는 아쉽지만 잘 가시라는 뜻이었다. 22일 자이선에 올랐다가 저물어 내려오니 "많은 사람들이 이미 비석을 세웠다고 했다. 대중들의 뜻을 막기 어려워 다만 맡겨 두었으나 끝내 마음에 겸연쩍은 바가 있었다."

'군수郡守 오후吳侯 횡묵宏默 청덕선정비淸德善政碑, 후를 기다렸는데늦게 오셨네혜후래모侯侯來蕃 / 우리 백성들을 풍족하게 하셨네기온아민其蘊我民 / 봉록을 덜어 관아를 수리하고연름수해捐廩修廨 / 재해를 맞아돈을 나누셨네절재분민節災分緡 / 선비를 좋아하여 수고롭게 글을 쓰셨으며호사구서好士勸書 / 노인 받들고 가난을 구휼하셨네양로휼빈養老恤貧/ 만인산에 이어 넉넉하게 칭송하노니계산여송繼傘餘頌 / 빗돌도 다듬어 세워졌구나우롱정민又礱貞珉.'

함성중학교 진입로에 다른 빗돌 여섯 기와 함께 있다. 왼쪽에서 세번째인데 세운 때가 "신묘辛卯=1891년 2월"로 되어 있어서 실제보다 2년이앞선다. 어떻게 된 일일까? 이태 전에 이미 한 바탕 소동이 있었다."지난 신묘년에 지역 양반들이 비석 세우는 의논을 하여 이미 모양을 이루었다. 내가 듣고 절대 못하게 하여 드디어 잠잠해졌다."1893. 2. 22

다른 선정비는 주인이 누구일까? 왼쪽부터 정주묵鄭周默과 한규직韓圭稷이고 그 다음 오횡묵에 이어 이병익李秉翊·김영규金永珪, 마지막에 김명진金明鎭이다. 앞에 두 선정비는 오횡묵이 130년 전1889. 4. 27에 보고 기록으로 남긴 바 있고 뒤에 둘은 오횡묵 이후에 군수를 맡은 후배들이다.

이 가운데 눈여겨 볼만한 인물이 김명진이다. 오횡묵과 비슷한 시기에 경상도순찰사였다. 오횡묵의 직속 상관인 셈인데 아주 각별한 사이였다. 1890년 6월 11일 새벽 김명진은 대구 감영에서 갑자기 죽었는데 29일 발인을 맞아 지은 시에서 "저를 위한 울음이 공을 위한 울음보다 갑절로 슬픕니다哭私尤倍哭公悲"라고 할 정도였다. 김명진은 선정비가 충청도와 경상도에 20개 안팎인데 이는 우리나라 최다 규모다.

마지막 찾은 함안 명승 여산폭포

〈함안총쇄록〉을 보면 오횡묵이 다른 업무 없이 본인을 위하여 찾은 명승은 와룡정이 거의 유일하다1890. 3. 8. 별천계곡도 찾았지만 여러 양반과 함께하여 시문을 지었으니 업무 성격이 강하다. 악양루도 올랐으나 공무를 띠고 가다 짬을 내어 들렀을 뿐이다.

오횡묵은 전근 발령을 받고나서 23일 "봄비가 잠시 개이고 날씨가 화창하여 석성=지인 김인길과 함께 내동內洞에 달려갔다." 내동은 지금 여항면 내곡마을이다. "광려匡廬가 남쪽 10리 가까운 데 있는데도 공무에 시달리고 여가가 없어서 놀며 즐기는 소원을 이루지 못했기 때문이었다."

여산폭포 왼쪽 바위에서 물이 떨어지고 있고 오른쪽 큰 바위에 글자가 새겨져 있다.

마을에서 잠깐 머문 다음 늙고 젊은 대여섯과 걷기 시작했다.

"여산재廬山齋에 이르니 주인 선비 이욱李旭 형제가 쫓아나와 서로 이야기하며 조금 쉬었다. 마을에서 활 몇 바탕 거리인데 지경은 깊숙하고 형세가 막혀 시내와 산에 그윽하고 고요한 정취가 있었다."

목적지는 여산폭포였다.

"시내를 따라 올라가니 구불구불 굽어지고 비스듬히 꺾어져 상당히 걷기 어려웠다. 활 한 바탕 정도 가니 물이 돌머리에서 곧바로 떨어진다. 일고여덟 자는 될 성 싶은데 여산폭포라 한다. 잠깐 서성거렸는데 해가 이미 서녘이었다. 아래로 옮겨 재실 앞 반석에 잠시 앉아 술과 안주를 먹었다."

실제 갔더니 대부분이 그대로였다. 여산재는 6·25전쟁으로 불타고 대신 추본재椎本齋가 있었다. 마을과 조금밖에 떨어지지 않았는데도 살짝 돌아앉은 덕분에 그윽하고 고요한 느낌이 가득하였다. 골짜기 따라 활 한 바탕 정도=100m 안팎에 여산폭포가 있는 것도 다르지 않았다. 높이가 2m 남짓인데 늦가을이라 줄어든 탓인지 물은 돌머리 아닌 어깨에서 떨어지고 있었다.

전체적으로 옛날 선비들이 좋아할 모양새였다. 양쪽 비탈이 가파르지도 평평하지도 않아서 시야는 적당하게 열려 있었다. 바닥은 암반으로 이루어져 멋스럽고 깨끗하였다. 여울은 깊지 않아 들어가 여름에 탁족濯足을 즐기거나 오횡묵처럼 가장자리에 머물면서 바라보기에도 좋았다.

〈함안총쇄록〉에는 나오지 않지만 맞은편 바위에는 옛사람들이 새긴 크고 작은 글자가 남아 있었다. '폭포瀑布·여산廬山 주인主人 이ㅇ신李ㅇ新·이용탁李用鐸·진사 안몽백進士 安夢伯·박준번朴俊蕃·남ㅇㅇ南ㅇㅇ·조규趙奎·조낙규曺洛奎·허규許煃·김종락金宗洛·기해己亥 하夏'등이었다. 맨 마지막 '기

오른쪽부터 세로로 朴俊蕃박준번 南○○남○○ 趙奎조규 曹洛奎조낙규 許煙허규 金宗洛김
종락 己亥기해 夏하라고 새겨져 있다.

해^{己亥} 하^夏는 새긴 시기가 되겠다. 앞서 이름이 나오는 안몽백·박준번·허규는 18세기 후반에서 19세기 초반에 살았던 인물들이다. 그러므로 이 기해년은 1839년이 틀림없을 것이다.

글자가 새겨진 바위는 두 개 더 있었다. 폭포 아래 50m 즈음 왼편에는 '이양선^{李養善}·금탄^{琴灘}·허규^{許煃}'가 새겨진 바위가 있고 다시 그 아래 30m 정도 오른쪽 바위에는 '이용우^{李容友}'가 새겨져 있다. 가을과 겨울에는 메말라도 여름철 물이 좋으면 여울^灘을 이루기도 하나 보다.

떠나는 원님인데도 군악 의장을

오횡묵의 함안을 떠나는 모습은 어땠을까. 〈함안총쇄록〉은 1893년 2월 26일로 끝나지만 오횡묵이 함안을 떠난 날은 2월 27일이다. 〈고성총쇄록〉을 찾아보니 관련 기록이 있었다.

"길에 올라 남문을 나오니 고을 관속들이 깃발을 펼치고 군악^{軍樂}을 베풀며 5리 여정을 전송하였다. 보내게 되어 마음이 아프다는 뜻을 특별히 표현한 것인데 대개 전에는 이런 경우가 없었다고 한다."

부임할 때나 하는 의장 행진을 오횡묵을 위해서는 이임길에도 펼쳤다는 얘기다.

오횡묵이 미리 사절을 하였음에도 그 날도 아쉬워하는 걸음이 이어졌다. 양반들은 광가리^{廣加里}에 먼저 와서 기다리다가 전별하였고 아전들은 진해현^{지금 창원시 진동면}까지 와서 있다가 작별 인사를 올렸다.